教育によって人は変わるのか

三塚 信二

東京図書出版

まえがき

意識改革を主眼とする教育の世界に飛び込んで、早いもので四十数年になる。社員教育の仕事一筋、よくぞ脇目もふらずやってきたものである。

子供の頃、私の両親がよく、教育の仕事が向いているから、学校の先生になったらいいんじゃないかと言っていた。しかし、教師になることが嫌だったので、全く眼中に無かった。社員教育研究所の社員時代も、上司や先輩から講師に向いているよと言われたが、極力講師の仕事を避けていた私だった。そんな私が、三十年前ビジネス教育訓練所を設立し、自ら講師となって長い間教育を第一線でやり続けているのは、やはりこの仕事が自分に合っているのであろう。

小さい頃、人に教える職業は、特別な人がなるものだと考えていた。つまり、何をするにもすごい人で、模範を示し、心から尊敬されるような人間がなるべきだと思っていた。したがって、自分はそんな人間ではないし、努力しようとも思わなかったので、人に教える職業には就くつもりもなかったのである。大学でも教職課程をあえてとらなかったほどである。それが、社員教育研究所に入社し、社員教育の仕事に携わるようになり、講師の仕事をやらざるを得ない状況となって、考えてもいなかった教える職業に就く機会に恵まれ、今現在まで教育することを生業としているのである。サラリーマン時代は、講師の仕事をやっていながら、できれば営業をやりたいといつも考えていたし、自ら会社を興し、講師の仕事をやっていても、やらねばならないという義務感の方が強く、使命感を強く持ってやりがいを心から感じながら仕事に取り組むようになったのは、かなり年数が経ってからだったような気がする。そして今では、人に教えることが天職と思えるようになったのである。さらに、この仕事を通じ、世のため人のために貢献したいと心の底から言えるようになった私である。

ところで、長年私が実施している教育は、社員を厳しく鍛えていく特訓方式である。ひと頃、日本の社員教育の代名詞のように言われた「地獄の特訓」という言葉を聞いたことがあるのではないだろうか。

社員教育研究所に勤務して数年経過した時、管理者養成学校が開校され、「地獄の特訓十三日間」がスタートした。当時まだ二十七歳の若さで初代講師を務めたのが、実は私だったのだ。それは、長期の合宿で厳しい訓練で鍛え、意識を変え、行動・態度を変える教育手法である。この教育の訓練講師として長年やり続け、多くの訓練生を育ててきた。

これまで合宿訓練に参加した卒業生・派遣して下さった経営者・当社の社員から、「三塚さんは本を出さないのですか」とよく言われたものだった。私自身、文章を書くことが大の苦手ということもあって、いつも「そのうちに」とあいまいな回答をし、本の出版から逃げていたのが正直なところだ。しかし、六十五歳を超えた現在、多くの指導体験を持っている私が、伝えていくべきことが沢山あり、それを本という形にして発信すべきではないかという思いが日増しに強くなり、出版の決意をしたわけである。素直な気持ちで、これまでの思いや貴重な指導体験を伝えさせていただきたい。さらに、創業三十年という節目でもあるだけにタイミングも申し分ない。しかしながら、何分文章力が未熟で、読みづらいところが多々あるかと思う。温かく受けとめていただければありがたい。

本書が、皆さまにとって一つでもお役に立つことができれば、これほど嬉しいことはない。

社是	経営理念
人を育て、 企業を伸ばし 国が栄えるよう 貢献していくことが 私たちの生業 である	今何をすべきか、 将来何をすべきかを考え、 自己啓発し、夢を実現する 人材を育成します。 そのため、常に自己研鑽し 魅力ある指導者となり、 熱い情熱で教育するのが 私たちの使命です。

ビジネス教育訓練所の社是と経営理念

教育によって人は変わるのか ◇ 目次

第1章　人は変わるのか

意識改革の仕事に四十数年も携わっていれば、企業のトップから必ず聞かれることがある。「社員は研修で本当に変わりますか」と……。それに対し、即座に「変わります」と答えている。しかし、やや間をおいて「残念ながら変わらない人もいます」と返答する。

「人は変わる」「人は変わらない」これまでの体験上、私はどちらも真実であると考える。実際、皆さんの周りにも、「以前と比べあいつは変わったな」と感じる人、また自分自身も変わったよと言える人は沢山いるはずだ。反対に、あいつはいくら指導しても研修に出しても一向に変わらないなあという人もいるのである。

刑務所で長い間仕事をして多くの囚人達と接した人の本を読んだことがある。著者が勤務していたところは、重大犯罪を犯した囚人が多く、無期懲役や何十年も服役しなければいけない刑務所だった。当然刑務所では、規則正しい生活を強いられ、作業を与えられる。罪を犯したことを反省させ悔い改めるよう、著名なお坊さんや牧師さんを招いての講話の時間もある。つまり、人間を変革するためには最高のところと言える。そんな刑務所で長い間生活していると、この囚人があんな凄い犯罪を犯した人なのかと思えるほど変わる人がいるらしい。一般の人よりも考えがしっかりしており、崇高に感じるほど変貌する囚人がいる。一方、同じように刑務所で反省の日々を過ごしたはずなのに、刑を終え出所したかと思うと、また重大な犯罪を犯し刑務所に戻ってくる囚人もいるとのことである。人間を変革するために最高の場所であっても、変わる人と変わらない人がいるのである。

さて、人間が変わる変わらないの条件は何だろうか？　その人が変わってしまうほどの衝撃的な出来事やその人が自然に変わってしまう環境等要素はいろいろあるが、ここでは教育に絞って考察したい。

基本的には、有能な指導者が、適切な教育方法で、必要なとき必要な人に教育していけば変わる可能性が高いはずである。しかし、それだけではないのが人間の変革の難しいところである。つまり、最高の条件がそろっていても変わらない人は変わらないのである。それは、その人自身が、変えるべきことに気づき真剣に変える努力をしていかなければ難しい。まず自分の問題や至らなさに心の底から素直に気づけるかどうかが、自己変革の出発点であろう。しかしながら、自分の問題に気づくことは案外難しいものである。

かなり前の話だが、将棋界ではトップクラスであったプロ棋士が当時中学生であった息子に刺殺されるというショッキングな事件があった。新聞の第一報にこんな記事が書いてあった。逃走する際、母親と顔を合わせたとき「俺が悪いんじゃない。お父さんが悪いんだ。いろいろうるさいことを言うからだ」と語り、家を飛び出したという。その後、未成年とあって全く報道されなくなったが、父親を殺しておいて、自分は悪くない、父親の方が悪いんだと本音で思っていたことは事実であろう。また、こんな実例もある。アメリカは銃を持てる国なので、殺人事件が時々起きる。ある男が、無差別にライフルで何人もの人を殺したため死刑となった。あるジャーナリストが、この男を刑務所まで訪ね、インタビューをした。男に向かって、「あなたは罪の無いアメリカ国民を大勢殺したのだから、今はさぞ後悔し心から反省しているんでしょう」と尋ねると、男は平然と「俺は何も悪い事はしていない」と答えた。ジャーナリストは怒って、「何を言ってるんだ、人を殺しておいて何も悪くないとはどういうことだ」と迫ると、「俺が悪いんじゃないよ。俺をいらいらさせて人を殺したくさせた国が悪いんだよ。社会が悪いんだよ」と言ってのけたのである。

つまり、人間の中にはこのように、自分が犯した罪ある行動も悪くないと考えてしまう人がいるのである。一般の人間も、自分は悪くない、相手が悪いんだ、環境が悪いんだと人のせい、何かのせいにして、自分の問題点に気づかないことが多いのである。したがって、自分自身の問題点に素直に気づくことが変革するためには極めて重要なのである。教育で人を変革する際の第一条件は、現状の問題点やその人間の至らなさにいかに気づかせることができるかである。そのため、講師は訓練生を早く素直な気持ちにさせ、本人の問題に心の奥底から気づかせ、それを変革するために並々ならぬ情熱を込め指導するのである。私は最も効果的な教育方法は合宿訓練であると考え、これまでその指導に携わっている。合宿訓練を終えてから、多くの参加者から手紙や電話がくる。合宿訓練に参加して、「私は大きく変わりました」と。

また参加者だけではなく、派遣した企業の経営者や派遣責任者から「貴社の合宿訓練に参加したT部長はものすごい変化が見られ期待以上に頑張っているよ」と嬉しい連絡が来るのである。

第2章　今後の教育のありかた

平成二十三年三月十一日、東北・関東沿岸部に大地震が起きた。千年に一度と言われるこれまで経験したことのない大きな揺れにより、一万数千人の死者が出た。記録的な大地震にもかかわらず冷静に行動し、助かった人、パニックでどうしたらいいかわからず、誤った行動で大津波に呑まれた人、つまり、一瞬で生と死を分けたことも多かった。原発の被害も甚大で、この大地震では「想定外」という言葉がよく使われた。企業でも、予想していないことに遭遇するとどう対応したら良いか分からなくなってくる社員が多い。マニュアル通りの仕事はできるが、それ以外のことには、瞬時に考え適切に対応できない社員が年々増えている。また、言われたことはやるが自ら進んでやれない社員も多い。日本は少子化が進展し、手とり足とり教えられる傾向が強まっている。自ら考えられず、想定外のことには何もできなかったり、いざという時に精神面の弱さが出てきたり等、今後益々増えてくることが予想される。したがって、受け身ではなく自発的に仕事をすること・試練に立ち向かう強さと柔軟に対応する力を持つこと・マニュアル通りいかなくても自ら考えて適切に仕事をすること・対人関係が円滑になるように礼儀を身に付けること等がより必要な教育となるだろう。

東日本大震災でもそうであったが、日頃から津波を想定し、避難訓練をしていた学校が、冷静に行動して全員無事だったのである。つまり、頭だけではなく、訓練を行い体得する重要さを改めて認識させられた。学ぶことの七〇%は、体験からといわれる。少子化で、ひ弱な社員が多くなるこれからは、教育訓練は極めて大切な教育手法である。

したがって、自ら考え行動し成果を上げる内容、つまり合宿研修で体験教育することが非常に効果的である。そして課題も与え、それを達成する挑戦心とやりぬく精神力を養うことである。しかし合宿への派遣だけでは各社員の意識改革と能力開発を行いマンパワーを向上させ人間力のアップを図ることはできるが、時間とともに薄れてしまう恐れがある。並行して、企業内で毎月定期的に集合教育も実施していくべきである。企業風土を変えて全社員のやる気や能力が普段から引き出されるようになれば業績の向上・体質の強化・企業イメージのアップ等の変化が着実に出てくるであろう。

さて、合宿訓練の内容や指導の進め方については後述しているので、ここでは企業内教育について記述したい。基本的には、社内の講師が教育をしていけば経費もかからず、時間もとりやすく計画的に実施できる。問題は、マンネリになったり、講師への信頼がやや欠けてしまい、教育効果が出にくいところである。したがって、外部の講師を起用していけばより効果が出てくるだろう。当社も合宿訓練に参加いただき教育効果を出すよう努めてきたが、最近は講師を企業に派遣し、並行して実施していくことにより、高い教育効果が出ているという。当社からも強く勧めているし、合宿訓練利用企業からも依頼されるケースが増えている。

望ましいのは、毎月一回一日研修を実施し継続することだ。土曜日を利用し午前九時から午後五時まで実施している企業が多いのが現状である。合宿同様礼節を重んじ、研修開始と終了は、礼で始まり礼で終わることを徹底する。繰り返し実施するため、元気の良い返事や明るい挨拶が自然に身に付き、職場全体のマナー向上につながる。研修の内容は、年間計画を立て、その回その回でテーマを決め行う。また、学んだ事を確実に実践してもらうため、実施することを宿題とし、毎回フィードバックし、できていないことには助言を与え、できていることは評価し称賛していく。企業に出向いて研修する手法としては、講義・基本動作の訓練・ロールプレイング・グループ討議・論争訓練・ＤＶＤ教育・読書感想・研修ゲーム・ブレインストーミング・コンセンサス訓練等々がある。最近本を読まない社員が増えているので、話題の本を全員に読ませ、感想を発表させたり、グループで討論させたりすると効果的である。本を読む習慣が身に付くし、本の内容が深く理解でき、表現力も豊かになってくる。同じ本でも、感じ方・受け取り方が違うことがわかり、幅広い考え方を知ることができる。興味深く取り組めるのは他己紹介スピーチである。合宿訓練では、各社の参加者が集合しているので自己紹介しかできないが、企業内教育では参加者がお互いをある程度知っているので、自分ではなく他の社員を紹介すると、深く理解することができて効果的である。また、自分のことを他人はどのように見ているのかを知ることができ、自分を深く見つめ直す良い機会にもなる。一企業だけの研修は、公開合宿と違い、参加者同士のコミュニケーションを深める・考え方や価値観を認識させる・連帯意識を持たせる・社内のルールやマナーを徹底する・モチベーションを高めること等を主眼として指導していける。また、通常の合宿のように追い込んで厳しくすると、参加したくない人も出てくるので、興味を持たせ且つ学べる研修メニューを考え実施し、次回も参加するのが楽しみだというカリキュラムが必要であろう。といっても、楽しいだけでは良い研修にはならないので、要所要所で厳しい指導をしたり、叱責して、適度な緊張感を持たせることも大切である。自発的に取り組ませ、仕事においても自立型社員になるよう指導していくことである。そのため、課題を与えたり、研修ゲームで積極的に取り組んでいかないと成果が上がらないようなメニューを考え実施すると良い。例えば、的当てという研修ゲームがあるが、参加者の感想ではほとんどの人が興味深かった・考えさせられた・とても教訓になったと語っている。内容は、紙に研修内容を書いたものを配り、それに従って行動してもらうものである。グループに分け、制限時間内に実行し、結果が明確に出てくる研修である。こちらで用意した的（参加者は分からない）に向けて、代表者に番号を声を出し発射させ、点数を獲得していく。そのため、話し合いをみっちり行い積極的に行動し、知恵を出し合い協力しないと成果が上がらない研修である。グループでの競争もあり、数字が出て順位も確定するので、必死に取り組み盛り上がった研修となる。そこから、普段の仕事ぶりが浮き彫りにされ、反省や深い気付きが出てくるのである。

また、研修の審査も取り入れ、合宿訓練とは違った手法で実施すると効果が違ってくる。例えば、合宿訓練では礼儀を体得させるため挨拶審査を行い徹底して身に付くまで鍛える。一人ひとりみっちりやっていくのでプレッシャーも相当かかり、過呼吸になって倒れてしまう人もいるくらいである。しかし、企業単位の社内研修でそのような審査手法では、嫌がって参加したくなくなる社員も出てくる。したがって合宿とは違い、三人や四人のグループで審査をしていく。そうするとみんなで協力し合い、自発的に練習したり早く合格するための知恵を出したり、楽しそうに審査に挑戦してくるのである。タイミング良くお辞儀をしたり、角度を合わせたり、声の大きさをそろえたりして、心一つになってチームワークが強化される利点もある。その結果、会社全体の挨拶も一気に良くなり驚くほどの変化が見られる。社内教育は、興味を持たせ、深く理解させ、身に付くまでやることができるし、そうしなければいけない。「継続は力なり」がまさに重要で、次回まで宿題を与えフィードバックしながら繰り返しやっていくことである。

　ところで、最近学校からの研修依頼が増えている。これまで、専門学校の教師・学校スタッフの指導をすることはあったが、中学校・高校・専門学校・大学の生徒の指導をしたことはなかった。それが数年前から、本来は学校の先生がやるべき研修の依頼がどんどん増えてきている。研修の狙いは、挨拶や礼儀作法・コミュニケーションスキルの指導である。確かに、礼節の国日本ということで、外国人から礼儀正しい日本人と高い評価をされていたが、昨今は、挨拶ができない人・コンビニの前で座っている若者・電車の中で平気で化粧をしている女性・スマホを操作しながら歩行する人・周りに気遣いができない人が数多く見られ、日本人は礼儀正しいと言われていたが、日本に行ってみたら、決してそのようなことはないと評価されている始末である。研修前、研修依頼した学校の校長先生に会って、礼儀や挨拶は先生方が指導しなければいけないのではないかと話をしたが、礼儀作法の指導は案外難しく、うまく教えられない先生が多い、先生方も礼儀をよくわかっていないのでプロの教育機関に是非ともお願いしたいのですと語っていた。時代は変わったものである。

私達の子供の頃は、学校の先生から勉強よりもむしろ挨拶や人に迷惑をかけない人の道とか、礼儀作法や道徳を厳しく教えられたものだった。現在私にとって最も大事であると考えている礼儀作法の指導が学校で上手くできていないことに愕然とするが、ビジネス教育訓練所にとっては、今まで考えてもいなかった分野での教育活動が広がったことに喜ばないといけないのかもしれない。いずれにしても、年齢が低い段階で躾の指導をすることは、教育効果が高いし身に付きやすいと言える。実際、中学校・高校の生徒に挨拶やお辞儀の作法の指導をすると、最初はとまどい、声を出さない、表情がこわばる、動作がぎこちない等でできるまでは苦労するものの、繰り返し指導していくと着実に進歩し、指導前と指導後では見違えるほど変化していく。若ければ若いほど順応し身に付けてくれるものだと感心する。学校の先生方も、その変化に驚き教育訓練の凄さを改めて認識してくれる。

これからの教育には知識だけでなく、礼節や道徳の指導がやはり必要であることを痛切に感じる次第である。

第3章　ゆとり教育について

日本教職員組合（日教組）の提案によって、一九八〇年からゆとり教育が実施されたが、その時は大いに疑問に思ったものである。当時、日本は高度経済成長により「強い日本」と海外から評価されていた。その時代は勉強もよくしていたので学力も世界トップクラスで「賢い日本」と評価され注目の国であった。反面、働き過ぎ、勉強しすぎと世界から非難されることもあった。そのため、週休二日制や週四十時間労働など働き過ぎないような法律も制定された。学校教育においても、詰め込みすぎや画一的な教育であるとの理由で、ゆとりある個性を重視した教育をすべきと、土曜日は休み、授業時間も短縮する「ゆとり教育」が始まったのである。

私が学校に通っていた頃を思い出すと、勉強は好きというほどではなかったが嫌いでもなかった。将来のために、勉強をした方が自分のためになると考え積極的に行っていた方だ。しかし、多くの同級生は隙あれば遊んだり怠けたりしていた。実際、勉強することは、好きなことを我慢して、忍耐強く学ばなければいけないので、ある意味で苦痛が伴い、一般的には勉強を避けたくなる人が多かったのではなかろうか。国が制度として、学校の休みを増やし、授業時間を少なくすることは、生徒の怠け心を助長してしまい、学力が低下するのではないかと心配であった。

また、成長期に自由時間が増えることは、自己中心でわがままになり、精神的には粘り強さもなくなる。学習時間が少ないことから当然知力も低下して、潜在能力も発掘されない。

実際、ゆとり教育が実施されてからは、学力が年々低下し、先進国の中でも下位に位置するようになったのである。さらに、いじめや若年の犯罪も増えてきたのではないかと思う。したがって、国もその実態を懸念し、教育の見直しを本気になって取り組むことになったようである。韓国や中国、その他のアジアの国々は、教育の重要性を感じ、かなりの力を入れレベルが急速に上がってきており、国力も増大してきている。教育の力は今更ながら凄いと思っている。

特に若い人は、吸収力・理解力があり、厳しくても順応できるので、大きく伸ばせるチャンスである。このように、ゆとり教育はプラスよりマイナスが大きいと考えていたので、ゆとり教育を廃止し、新たな教育制度を構築することは日本の将来のために非常に良いことである。

さて、いじめの問題が、毎日嫌になるほど報道されている。誠に由々しき問題である。最近は行き過ぎて、自殺する人も増えてきている。子供達が夢を持ってそれに向かって勉強や生活をしていないし、苦労やつらい体験がないので、相手の心の痛みを感じない人も多いのであろう。政府も真剣にいじめを法で裁いたり、いじめのしにくい環境を作ったりと検討しているようだが、その前に心の持ちようや考え方をきちんとさせるべきではないかと思う。もちろん、総合的な手を打つことは必要だが、一番大事なのは内面的なことではないだろうか。

そのためには、家庭では躾を徹底すること、学校では先生が教科の授業だけではなく、人としての考え方や生き方の基本を教えていくことである。具体的には、挨拶をしっかり行う・親や目上の人を敬う・周りに配慮して行動する・相手を気遣い親切にしたり、自分本位な行動をしない・命は大切なものであると教える・夢や目標をしっかり持って実現するために努力する・弱い者いじめをしたり、他人を平気で傷つけるようなことはしない等当たり前のことをわかりやすい例を挙げ話したり、一度言えば分かると思わず、何度も繰り返し、心の奥底までわかるよう言い続けるしかないのである。なぜならば、当たり前のことを当たり前にできない人間があまりにも多くなっているためだ。家庭では親の躾の力、学校では教師が教育の力で克服するしかないのである。昔の学校教育では、道徳の時間があって人としての生きる道を教え、私も教えられたものである。今日もそのような時間を取り、人間教育を重視した指導を徹底していけば、いじめや自殺や青少年の事件も減少していくはずである。

第4章　社員の気質の変化

四十数年教育に携わっていると、人材の質の変化を如実に感じる。特に新入社員の変化から分析すると、①忍耐力が希薄である、②まじめに取り組むが受け身である、③協調性に欠けている、④活力が無い、⑤礼儀、挨拶ができていない等である。少子化が進んでいるせいか、家庭の躾の甘さ、学校教育の影響などではっきりその成果が現れている。確かに、一言で言うと線の細さを感じるが、合宿で厳しく訓練を行ったり、団体生活を体験させると成長が著しい。また、以前に比べると脱走することがほとんどないのが驚きである。おとなしく打たれ弱そうで、離脱するのではないかと心配するが、最後までやりとげる。以前との大きな違いである。

また管理者クラスは、リーダーシップに欠け、厳しく部下を叱れなくなっている。派遣企業からの要望にも、部下を叱れないから、叱れる管理者にしてほしいという要望が多い。実際、合宿で指導しても、自分に甘く他人にも甘い管理者が多い。合宿中でも、ルールやマナーに反する訓練生に注意も与えられず、優しすぎると感じる管理者が多いのである。叱ることの重要性を教え気付かせるようにしてはいる。合宿から帰って叱れるようになったという連絡をもらうこともあるが、以前より叱れない、部下に優しい管理者が多いのは事実である。

時代背景とともに、人材の質に変化が出てきているのは間違いないが、合宿訓練でとことん心の奥底まで肉迫した指導をしていくと、人間の本質は今の時代も変わってはいないと認識させられるのである。

第5章　私の生い立ちと経歴

私は昭和二十五年八月十二日夏の暑い盛り、宮城県岩出山町で生を受けた。岩出山は、伊達政宗が米沢から移り十二年ほど城をかまえ、日本最古の学問所有備館がある城下町である。私は、兄弟七人の下から二番目、三男であったが次男が生まれてすぐ亡くなってしまったので、実質私が次男坊であった。天真爛漫に幼少の頃は生活し、好奇心旺盛で冒険好きだったので、よく妹を従え遠いところまで出かけたりして、母親にこっぴどく叱られた記憶がある。それでいて人見知りが激しく、我が家にお客さんが来ると家の奥へ逃げて行ったものである。また、よく一緒に遊んでいた近所の同級生四名が幼稚園に行ったが、私だけが集団生活が嫌で行かなかった。小学校に入学するのも非常に嫌で、母親に無理やり連れて行かれたものだった。小さい頃は内向的な性格だったため、学校では同級生とはほとんど話をせず、静かな生徒で全く目立たなかった。したがって、いつも姿勢正しく真面目に授業を受けていた。しかし、小学五年の時、音楽の教師として赴任した新任のK先生が少年少女合唱団を編成するため、全校の生徒に歌を歌わせ、審査を行い、私が合唱団員に選抜されたのである。そして毎日合唱団の一員として厳しい練習を受けることとなった。全国合唱コンクールに出場したり、歌劇の主役としてステージに立ったりすることによって、徐々に自信が出てきたのか、極めて内向的な性格が少しずつ変化してきたようだ。そして、中学校に入学するとなんとK先生も中学に移動し、ブラスバンドの顧問となって、また強制的に入部させられてしまった。私は野球が好きで野球部に所属してプロ野球の選手になる夢を持っていた。しかし音楽の道から逃れられなかった。それでも部活と勉強と非常に充実していた時期でもあった。中学校二年の秋、仙台の青葉城にあった伊達政宗の銅像を岩出山に移設する際、町をあげての大パレードがありブラスバンドの部員として誇らしくトランペットを演奏しながら行進したことが強く印象に残っている。高校もブラスバンドに入り、大学へ進学したくて勉強にも力を入れようと思ったが、母親から大学に行かず就職してほしいと度々懇願され、どうしたら良いものか葛藤する日が続いた。そして、高校三年の二月父親が急死し、衝撃を受けた。敬愛していた父が突然亡くなった時は号泣し、高校の期末テストでは涙が溢れ答案用紙が濡れてしまうほどだった。人生のはかなさをまざまざと見せつけられ、悔いのない人生を生き抜こうとする強い思いも出た時期であった。父親の突然死で、大学へ行くのはさすがに断念したが、葬式後、妹が母親を強く説得し、卒業したら家に必ず戻るならと了解をもらい、働きながら夜間の大学に通うこととなった。

二月も終わりになる頃だったので、受験が間に合う夜間部がある大学を探し、東京経済大学を受験した。無事合格し、父親の妹にあたる川崎の叔母の家にお世話になった。日中はアルバイト、夜は大学に通い、四年間懸命に働き、学んだのである。勉強だけではなく、働くことによって、社会の仕組み・企業人としての役割・仕事の基本・マナー・プロ意識等を身に付けられ、自分の成長に非常に役立ったと思う。

大学を卒業したら母親との約束通り郷里の岩出山に帰った。たまたま新聞の求人広告を見て応募し、採用され社員教育研究所（管理者養成学校）に入社したのである。入社動機は、将来的に人材育成の需要が高まり、将来重要な仕事になるだろうと感じたからである。

実際入社してみると入社前のイメージと全く異なり、仕事は営業をやってもらうと言われ落胆してしまった。研修会社の企画という職種で募集していたので、教材を作ったり、研修のプログラムや企画を作るのかとイメージしていただけに拍子抜けしてしまった。営業であれば内向的な性格なので自分には合わないし、やれないだろうと先入観を持っていた。そのため、すぐ会社を辞めようという気持ちも抱いたのである。しかし、せっかく入社したのにすぐ辞めたのでは男としては情けないとも思い、一年間だけがんばってみようと社員教育の営業をすることとなった。

飛び込みをしての営業が基本で、しかも会社のトップに面談しないと成果が出ないので、内向的な自分にとって当初は毎日が苦痛だった。結果が出ないと会社も困るし、自分自身も悔しく納得できないので、ただひたすら訪問し、必死に教材や研修を勧め足を棒にして活動した。その一生懸命さが、訪問先の社長に伝わり、契約することができるようになり、成績も上がり、辞めようとした一年間で実績が先輩や上司を追い抜いて、なんと営業所長に昇格してしまった。

そのうちに、辞める気持ちは無くなり、社員教育研究所に十四年勤務することになった。後に、営業の経験が講師の仕事・会社の経営においても非常に財産になった。

管理者養成学校開校

社員教育研究所が研修教材だけではなく、学校を開設し直接指導に当たると当時の社長が決断してから、全国の管理者が定期的に招集され、東京の郊外の日野市にある青竹庵で訓練開発にあたった。

近くの一軒家に住み込んで、開校するまで毎日、訓練開発に没頭していた。そのような時期に、岩出山の自宅が石油ストーブから引火し全焼する知らせがあった。すぐ飛んで帰ったが、すでに焼け野原になっており、母親・女房・子供達が途方にくれていた。隣近所の応援もあり、とにかく後片付けをし、気落ちしている家族を励まし乗り切った。全社員から沢山の見舞金をもらった。皆の温かさや支援に感動し、それに応えなければと非常に燃え、社員教育研究所の新しい事業の成功に奮闘したのである。

開校前は夢に向かって幹部・管理職が一丸となって学校を創り上げる努力をしたことが、私にとっても、とても充実した日々であった。役員も幹部も管理職も一緒になって試行錯誤し、研究・討議し合うことはなかなかできるものではないので、興味深く貴重な体験であった。

例えば、スピーチ訓練を学校のカリキュラムに取り入れるため、お互いにスピーチし合う。

それを、社長に評価してもらいレベルの向上に努めた。私はスピーチが非常に苦手だったため話すことが苦痛で、発表の際はものすごく緊張したものである。

しかし、褒めることがほとんど無かった当時の社長が、なんと「三塚君はスピーチがうまいね」と評価してくれたのだ。天にも昇るほど嬉しかった。これまで、人前で話すことに全く自信が無かったのだが、それを機にいくらか自信を持つことができたのであった。

ユニークな訓練科目があった。訓練生の殻を破らせ度胸をつけさせる「駅頭歌唱訓練」である。大きな声で自分をさらけ出すような歌唱訓練をやろうという案が出た。さらに、大きな声で歌わせるだけではなく、羞恥心を取り除くよう人が大勢居るところでやろうということになった。そこで実験的に、駅の構内で我々管理職が一人ずつ交代で歌うことになった。トップバッターに白羽の矢が立ったのが私であった。

場所は京王線聖蹟桜ヶ丘駅のホームでやることになった。社長から歌う時間が指定され、朝のラッシュの時間帯下りのホームの真ん中に立ち、上りのホームに向かって大きな声で歌うというのである。歌を歌うことには多少自信があったので、決行する前はさほど緊張しなかったものの、実際歌う前、上りのホームを見たとき黒山の人だかりで一瞬たじろいでしまった。しかし、社長をはじめ幹部たちがそれぞれ指定された場所でその光景を監視している。したがって意を決し、思い切って歌うしかなかった。

目の前の黒山になっている大勢の視線が、まるでレーザービームのように全身に突き刺さる痛さを感じたのである。その感覚は言葉では言い表せないほどの衝撃的なものであった。冷や汗が出るほどのものすごい緊張感だったが何とか最後まで歌いきった。この貴重な体験は終わってからは安堵感と共に誇りさえ感じた。歌い終わったら何人か拍手する人がいたので上手には歌えたのかなと少し嬉しかった。この光景を、近くで見ていた社長はあまりの緊張で、二、三日下痢が続いたと後日語っていたほどである。結局駅のホームで歌うのは厳しすぎるということになり、二人目以降は聖蹟桜ヶ丘の駅前で、つまり駅頭歌唱となった。そして、この駅頭歌唱訓練が、地獄の訓練の目玉である静岡県富士宮の駅頭歌唱訓練として誕生したのである。

その他、論争訓練のためにお互い論争し合い、納得するような解説を考えたり、様々な訓練の研究開発をした日野にある青竹庵での数カ月間は、今でも鮮明に頭に残っている。

あれほどやりたくなかった営業だったが、後になってとてもありがたく思っている。

二十七歳の時、管理者養成学校を開校することになり、訓練開発で招集され、定期的に訓練開発の仕事も行い、開校した時は講師に選ばれ指導にもあたった。代々木のビルの広い事務所を借りて、東京の企業の管理者を対象に通学で実施していたが、数カ月ほどで、より教育効果を高めようと合宿訓練のコースをスタートした。場所は、会社の保養所になっていた千葉県の館山だった。

その第一回目の講師に私が抜擢され、試行錯誤しながら無我夢中で指導したのが忘れられない。訓練生から高評価を受け、合宿コースが非常に効果的であることも実証され、徐々に訓練生も増えていった。合宿のネーミングも極限の十三日間から、地獄の特訓十三日と変更し、一世を風靡したのである。

我が国で初めての、意識を変革するこの過酷な合宿訓練の指導を経験したことで、自分自身が大きく成長することができ、また自分が独立するにあたって大きな力になった。大変感謝している。社員教育研究所では、営業の仕事・講師としての仕事とみっちり経験できたことが、今の自分を支えている。

仙台の勤務でありながら、全国各地で仕事をさせてもらって有り難かったのだが、三十六歳の時大阪転勤の辞令が出された。小さい子供が三人いたので、家族全員での転居が難しく、単身で行くかどうか大いに悩み、女房と相談して、結局退職することにしたのである。その時点では次にやる仕事はまだ未定だったが、退職の挨拶状を送付したら、数社から研修をやってほしいとの連絡があったのである。驚いたのはほとんどが、社員教育研究所で研修を実施していない企業であった。理由を尋ねると、私が営業担当で、地獄の訓練の見学に案内し説明していた時、なぜ私が講師をしないんだろうと不思議に思っていたそうだ。辞めたんだったら是非講師として指導してもらいたいという話だった。講師の仕事は好きでなかったが、せっかくお客様から強くお願いされたのだからと嬉しかったし、生活していくためにはやるしかないなと決意し、社員教育の道に進むこととなった。

退職したらしばらくは充電するつもりだったが、そんな悠長な時間はなくなり、予想外に忙しい毎日を過ごすことになった。独立した当初は一人で何もかもやっていたので、疲労が重なり、歩きながら眠ってしまい、夢まで見て、膝ががくっと折れ、なんだ寝ていたのかとびっくりしたこともあった。研修の仕事も自分一人でやらなければいけなかったので、とにかく無我夢中で休む暇もなく仕事に打ち込み、何とわずか半年で驚くほどお金が手に入っていた。ということは、それほど忙しい日々を過ごし心身ともに限界に近い状況だったといえる。会社を退職して、食べていけるかどうかの不安も解消され、やっていけるという手応えを掴み、大きな自信となった。

しかし、独立してから大きな試練がいくつかあった。まだ二年目で仕事の依頼が順調に増え、どうしても一人で手に負えず外部の講師に応援してもらっていた。以来紆余曲折を経て三十年、愚直に人づくりの生業に打ち込んでいるのである。

第6章　合宿訓練の効用

社員教育研究所は、開校時は通学方式で教育訓練を実施していた。東京都渋谷区代々木に学校を開設し、都内の企業に勤務する管理者を対象に、午後六時から午後九時までの短時間で週二回の頻度で行っていた。目的は、管理者の能力開発を趣旨として、話す・書く・聞く・考える・行動することをトレーニングにより鍛え体得させることであった。メニューは、歌唱訓練・ドラマ訓練・早書き訓練・清書訓練・四十の質問訓練等、これまでのビジネス研修にはなかった非常にユニークなカリキュラムだった。しかし、会議・出張・商談・残業等で出席することができない受講者が多く、仕事の事情で欠席する方が多かったのである。

そこで、休みの多い受講者を補講するため土日を利用し、合宿訓練をすることになった。その合宿訓練の指導を私が担当することになったのである。合宿訓練を担当してみると、通学コースに比べ集中して研修に臨むことができるので、非常に成果が上がったのである。指導した私や、訓練を受講した訓練生も教育効果に非常に満足し、通学コースでは考えられなかった感動まで味わった。この貴重な体験を社長に報告し、合宿訓練方式に切り替えてはどうかと強く提案したのである。社長も快く受け入れ、これを機に管理者養成学校も、通学方式を中止し、合宿訓練を教育の柱にすることになったのである。そして、日本の社員教育の代名詞にもなった「地獄の特訓十三日間」が誕生したのである。

実際十三日の合宿訓練がスタートした当時は、「極限の十三日合宿訓練」と命名したのだが、後から地獄の特訓十三日とネーミングを変え話題となり、会社が大きく発展したのである。

ところで私自身、これまで多くの指導に当たるだけではなく、学ぶために数多くの研修・セミナー・合宿に生徒としても参加してみたのだが、変革するための教育手法としては間違いなく合宿訓練が最も効果的だと確信している。理由は、第一に、訓練生の逃げ場を無くすことでき(稀に脱走する人はいるが）妥協せず指導ができ、参加者が深く自己を見つめ直すことができる。第二に、時間に縛られずできるまでわかるまで繰り返し（合宿の日程の延長もする）訓練できる。第三に、講師も訓練生と一体となり、汗を流し涙を流し合宿生活をするため、深い信頼関係が構築でき、訓練生の心の奥底まで肉迫していく指導が可能となる。以上のような理由で、変革する可能性が極めて高いのが合宿訓練の教育手法である。

第7章　殻を破り人間が新たに生まれ変わる瞬間

合宿訓練は、これまでの意識を変えプロとしてビジネスの世界で活躍できるよう変革することが目的である。その為、早朝から夜遅くまで厳しい訓練を妥協せず行い、審査項目を設け合格するまで徹底した指導を行う。最後は、卒業試験を行い厚い殻を破らせ生まれ変わらせるのである。本当に変わる瞬間は、赤ん坊が生まれる際の母親の陣痛の時のような荒い呼吸になる・卒業スピーチの声は全身から絞り出し魂の雄叫びのようになる・顔や体から汗が噴き出てくる・目から涙が溢れ出てくる・涙と共に口からはよだれが垂れてくるのである。スピーチが終わり合格の判定をすると訓練生はその場に崩れ落ち、殻を破った喜びでしばらく号泣する。この瞬間、訓練生自身、指導した講師はまちがいなく変わったと実感できるのである。このように明らかに変革できた訓練生は多くはないが必ずいるのである。このような教育の仕事に携わって良かったと感じる瞬間でもある。

これまでに、大きく変革した訓練生を紹介してみよう。

殻を破った印象に残る訓練生

［１］

営業力を強化する目的で五日間合宿するコースがある。北海道で宝石販売をしているＳ訓練生が参加したのだが、まさに殻を破る歌唱審査で途中絶句してしまい歌を歌えなくなってしまった。審査のポイントは、メロディーがずれても歌詞は間違わないこと・自分をさらけ出し大きな声を出すこと・思い切り感情移入をすること・プロセールスマンの気迫を全面に出すことである。Ｓ訓練生は大きな声を出すと歌詞を間違い失格・無難に歌おうとすると迫力不足で点数が伸びず点数が低かった。不合格が続き、ついに最終日一人だけになってしまったのである。彼以外は全員が合格しているので、合格した彼らは声援を送り励ますのだが、かえって本人のプレッシャーとなって益々歌えなくなり、失格を繰り返した。

やがて絶句の繰り返しで、とことん精神が追い込まれ顔面蒼白となってきたのである。それでもめげずに何度も挑戦し、彼だけが合格できず延長するしかないと思った時、これまで見られなかった大きな声・なりふり構わず涙を流し感情を込め壮絶に歌いきり、皆を感動の渦に巻き込むほどのすばらしい歌い方だった。まさに厚い厚い殻を破った瞬間であった。そして合宿を卒業後、三カ月してから私宛に手紙がきたのである。彼は一五〇名ほどの営業マンの中で中ぐらいの成績だったが、合宿を体験したおかげでトップの成績を上げることができたということだった。苦しいときや辛いとき、合宿で覚え苦労の末合格した歌を歌い頑張り続け、何と夢にまで見た全営業マンの中で一位になったのである。月末締め切り日の深夜に契約し、トップの成績が確定した後、出張先から奥さんに電話で報告し、「おめでとう」と言われ二人で号泣の涙を流し感激を味わったという鳥肌が立つような内容だった。

［2］

管理者コースには、管理者特訓六日間合宿訓練があり、管理者が対象ということもあって、最も厳しい内容となっている。所定の六日間で卒業できず全員居残りになることもよくある程の難関である。そのコースに、上場している流通業のある店長が参加した。名前はKという。K訓練生は入所式から大苦戦し、決意表明で具体的に話せない・声が小さい・オドオドして絶句してしまう等で十数回もやり直す始末。上場企業の管理者とは思えない方だった。暗記しなければならない管理者十箇条は、六日間でも合格しない。スピーチ審査も、点数が伸びず合格まではほど遠い。論争も考えを素早くまとめて発表できないため、聞き役に徹するだけ、言ってみればダメ訓練生だった。しかし、良いところは真面目で一生懸命。何事も真摯に取り組み粘り強く各審査に挑戦し続け、三日延長の九日目、やっとの思いで、これ以上涙が出ないほど涙を流し合格したのである。

卒業して三カ月後、涙が出るような手紙が届いた。手紙の内容はこうである。無能な自分

管理者十箇条

作　三塚信二

第一条　自分を管理できなければ、他人を管理することはできない。易きに流れる心を戒め、確固たる信念を持って行動せよ。

第二条　目標はより明確に鮮明にし、部下に周知徹底すること。そして実現する為の手段、方法を考え計画し、部下を導き必ず目標を達成せよ。

第三条　管理者とは管理人ではない。部下を三つ誉め、二つ叱り、五つ教育し、そして育成する指導者である。

第四条　公私のけじめをつけよ。これぐらいの甘い気持ちが命取りになる。部下の目は一つではない。

第五条　公平に扱え。不公平感が不満、嫉妬を生み、やる気をなくす元凶だ。

第六条　上との信頼関係を確立せよ。絶えず報告、連絡、相談を行い、コミュニケーションを怠るな。独走は身を滅ぼす。

第七条　職場には問題がゴロゴロころがっている。それを見逃し、見過ごしてはいけない。目ざとく問題点を見つけ、解決するのが、主たる任務だ。

第八条　情熱を持て。並外れた情熱を持ち続けることが、人を動かす最大の武器だ。

第九条　手柄は部下に譲れ。そして部下の失敗は自分の責任だ。しかし、いい加減な失敗は断固許してはいけない。厳しく叱れ。

第十条　摩擦を恐れるな。部下の反発、抵抗を巧みに逃れては業績が伸びる訳がない。そして信頼も得られない。管理者とは憎まれる存在だと心得よ。

以上

だったが、本気で取り組めば何でもできることがわかった。卒業したときの感激の涙は今でも忘れられない。実は、会社に戻って店舗でも全員涙を流し感動したのだった。というのは、目標に対し半分も満たない数字で、売り上げ締め切りまで一週間しかないとき、これまでだと目標達成をあきらめていたが、合宿訓練に参加し、やればできるという思いが強かったので、全員を集め、諦めずに頑張ろうと動機付けを行い、先頭に立って仕事に当たり、自信を持ってリーダーシップを取り最後まで諦めず全員一丸となって頑張った結果、不可能と思えた目標達成ができ、全員抱き合い喜びの涙を流したのである。その光景がまさに合宿に参加したときのようだったと綴っていた。

〔3〕

同じく、管理者特訓六日間合宿ではH訓練生も印象に残っている。地方の飲食店の店長をしていたが、予想以上に能力があり、各課題で順調に合格していった。六日間で卒業できるペースだったが、合宿会場として利用しているホテルの従業員から、女性が一人途中から宿泊し、密かに会っているとの情報を伝えられた。その連絡を聞き、合宿訓練中に何ということをしているんだと激怒し、卒業スピーチでそのことを本人が正直に打ち明けて反省するまで合格させないと決断した。他の科目は順調に合格し、卒業スピーチだけとなったが、不合格を連発したのである。卒業スピーチは、これまでの反省を本音で素直に語らせ、今後の決意を力強く発表

営業マン特訓五日間合宿修了生

先生方その節は大変お世話になりました。訓練終了後は、数字を上げる事しか頭になくガムシャラに動きました。合宿帰りという事で格好をつけていたのかも知れません。しかし、日数が短いという理由で目標を落とすことなどいちばん最悪なので、不可能を可能にしてやる、ただその一語でした。レベルの高い客にもどんどんチャレンジし、目標を事細かく立て一つ一つ崩し、次の課題へチャレンジ。カッコイイかも知れませんが恐ろしいほどスムーズに進み、部長も心配しながらも信頼してくれました。

これまで7月、8月は目標を落とし、九月はやっとこできただけ。専務からも檄が入りました。他の事業部からも何かと心配され本当に嫌でした。

それにもめげず、10月は最後の最後まで数字が上がらず最終日残300万という状況で、私は紋別まで売りに行きました。出発が午後2時半、プロセールスの歌を聞き、自分で何度も歌い、また言い聞かせて、客を落とす自信もなく夜9時に現地に到着しました。深夜一時まで、必死になって粘り強くセールスし、手を震わせながら契約書を書き、結果を会社に電話したとき、部長も私も泣いてしまいました。今までにない体験をし本当に嬉しかったです。嬉しさと満足を一度に味わい、帰りの車のなかでも涙が止まらず、朝自宅につきました。妻が私の顔を見るなり、幸せそうな顔をしていると言い、また、二人で泣き合いました。

結果全社で2位という個人成績と事業部の目標達成で大変嬉しかったです。上司はわが子を思いやるように祝福してくれましたし、チームメイトも喜んでくれ万歳をしました。ものすごく自信がつきました。合宿期間中出来が悪く毎日つらかった私がこんなに早く良い結果が出るとは思いませんでした。合宿から帰って営業で一歩踏み出す度に、一つ一つの訓練の様子が思い出され、奮い立ちました。そして11月今度は一番になってやろうと思い、最初から飛ばしました。途中抜かれてしまい、ダメかなあと弱気になりましたが、再びなにくそと思い、頑張りついに念願の夢にまで見たトップを取ることができました。

最高の10月11月、苦しかった10月11月、忘れてはいけない10月11月でした。今後はトップを維持し頑張っていきます。あの合宿が私を変えました。

先生方本当に有り難うございました。心より感謝申し上げます。

K訓練生からの手紙

し、殻を破らせるために最後に行う大事な審査である。H訓練生は、せいぜい一、二回で合格するだろうと思っていたが、一向に点数が上がらず二日も延長することとなった。スピーチそのものはうまいが、表面的で軽いのだった。何度やっても合格しないので、顔は青ざめ、自分を深く見つめ直すようになってきた。そして、ついに素直に自分をさらけ出した。店長でありながら、店のタブーである女の子と関係を持ち、不倫の関係をしていること、しかも合宿所まで来させたこと。こんな店長ではダメだとやっと気づき、自分のずるさ、いい加減さが恥ずかしいと涙をぼろぼろ流し、殻を破ったのである。帰ってから、その店長は改心したようで、社長が非常に喜び、その地方の名産品を沢山贈ってくれた。社長から見て予想以上に変化したのであろう。

［4］

経営者の子息が参加したときのことである。その方は社長の娘と結婚し、義理の息子で次期社長候補だった。したがって、経営者の心構えとリーダーシップを勉強させたいという目的で参加したのである。合宿中コミュニケーションを取ってみると、後を継ぎたくないというのが本音だった。そこで、経営者としての苦労はあるが、やりがいや仕事の醍醐味を研修や休憩時間等度々伝えた。しかし研修の取り組み方は真面目ではあったが、覇気は感じられなかった。合宿の朝礼でジョギ声を大きく出させたり、積極性を出すよう注意を与え指導をしていった。

ングをするのだが、最初は何度も歩いたり立ち止まったりして、訓練生の最後方で戻ってきた。それが最終日は真剣に走り、一回も歩かず上位でゴールしたのである。卒業スピーチではこんなことを語った。自分はこれまでの人生をいい加減に生きてきた。朝のジョギングでは、苦しかったり、辛かったりで何度も歩いてしまった。まさに、自分のこれまでの人生そのものだなあと感じた。最終日はこれでは駄目だと思い、必死になって走り一度も歩かずゴールすることができ、自分の甘さを取り除き変えることができた。私は朝のジョギングで自分を変えることができた。これからは、社長になっても辛いこと・苦しいことから逃げずにやっていくと涙を流しながらスピーチしたのである。本来の研修で変えるのではなく、朝のジョギングで自己改革できたのは珍しい。何が訓練生に気づきを与えるのか、わからないものである。

［５］

北海道のＩＴ企業から参加したＭ訓練生である。三十代半ばの課長で全ての訓練に意欲的に取り組み模範的だった。殻を打ち破る精読審査においても、率先して挑戦し何度も食らいついてきた。その合宿訓練には、上場企業の社長室長も見学にきていた。精読は、『時は今』という詩を精魂込め声を大きく感情も移入し、聞いている者が鳥肌が立つレベルまで要求する厳しい審査である。Ｍ訓練生はこれでもかこれでもかと挑戦し、読むシートもぼろぼろになり、声はかすれフラフラだった。読み終え、合格宣告を受けたときは、消耗しすぎそのまま床に倒れ込み、ぼろぼろになったシートだけ宙に浮いているという壮絶な状況だった。M訓練生はこの精読が変革した一番の要因となって、会社に戻って大活躍。また、見学していた社長室長も感激動し、その企業から管理者・中堅社員を五百名ほど派遣することになったのである。

［6］

印象に残る訓練生として、女性店長も思い出される。東京のエステティックサロンから十名参加したうちの一人である。女性でも店長たちがほとんどなので、男まさりのパワーで熱く訓練に取り組んでくれた。しかし、合宿後半の大事な時、訓練に参加しなくなったN訓練生がいた。講師が呼びに行ったが、体調が悪いという理由で復帰しなかった。休養させても、訓練に加わらないので彼女とマンツーマンでじっくり話を聞いてみた。すると理由は驚く内容だった。合宿訓練の担当講師が好きになってしまったので、大きな声を出したり自分をさらけ出すことが恥ずかしいから訓練に参加したくないというのである。唖然としてしまったが、会社が派遣した理由や今後の期待度、訓練目的等じっくり話して聞かせ復帰を促した。なかなかその気になれなかったが、無事卒業したらその講師は独身なので、食事の場を作りゆっくり話す機会を与えるよと伝えたらやる気になり訓練に加わった。復帰してからは必死に頑張り汗と涙で無事修了を果たしたのである。東京に帰る前、約束通りその講師と食事の機会を作り、お互いに歓談し嬉しそうに帰って行ったのを鮮明に覚えている。

その他にも、印象に残る訓練生は枚挙に暇がないが、問題ある訓練生が大きく変革してくれることは講師冥利につき、この仕事の醍醐味を最も感じるときである。

平成○○年△月××日

合宿訓練報告書

代表取締役社長
○○　○○　様

△△　△△

記

延長１日目、訓練生11名中私一人が残りました。これは私のやる気の無さが原因です。会社には迷惑をかけ個人の一人よがりでした。一人になりますと強がりは通用しません。先生いわく悔しさの無い人間は異常だ。常に正当化する私は、今まで逃げてきたのです。一人になるとヒシヒシと感じます。人間のもろさを今日この晩感じています。私は意欲がありませんでした。目標を目指して一生懸命突っ走る意欲、この合格のありがたみ、人間失格と言われても仕方ありません。先生は早く寝るようにと気をつかってくれましたが、悔しさが胸に残り頭の中がゴチャゴチャして興奮しています。

先生はこんな事を言います。「私達は訓練のプロだ。お前が何を考えているかぐらいすぐ分かる」と。私の顔に書いてある暗い顔、やる気の無い顔、昔を思い出しますと、昔はもっと明るかったかもしれない。感情が高ぶり普通の字が書けない状態です。今まで我慢してきた感情が吹き出て興奮しています。もっと早く気付くべきでした。訓練生の励ましの言葉が今となって心に響き、私のいたらないその気持ちこそがいけなかったのだと思い知りました。ここに来て自分の本当の姿が見えてきたのです。社会は誰も教えてくれません。その点は感謝の気持ちで一杯です。私は知らなくとも、それでいいと自分自身に言い続けここまで生きてきました。自分に正直ではありませんでした。一人になれば人間の本質が表れ不安と理性が入り交じり、ああでもない、こうでもないと頭の中をぐるぐる回っています。

時計も２時を回っていますが、人間の弱さをヒシヒシと感じています。でも変わらないといけないのです。20年近くこの姿で生きてきたのかと思うと、自分自身は恥ずかしい気持ちで一杯です。社長及び先生方には非常に感謝しています。自分のいたらなさを書き続け申し訳ありません。身も心もボロボロです。20年もこれでいいと自分自身に言い聞かせてきたが、方向を変えなければいけないと思い、あと何日間かかるか分かりません。

終了するまで頑張ります。

以上

参加者が社長宛に書いた報告書

平成○○年△月××日

ビジネス教育訓練所　株式会社
代表取締役　三塚　信二　様

御礼

拝啓　桜花爛漫の候、三塚先生におかれましては、益々ご活躍のこととお喜び申し上げます。

さて、昨日はご多忙の中、弊社までご来訪いただき、特別講演のお話を賜りまして誠にありがとうございました。短時間で数えきれないほど多くの教えを賜り、心からありがたく存じております。

以前合宿に参加した者はその時の気持ちを思い出し、また、リーダーとして、自身の管理はもとより、部下のことや会社のことを考え直す良い機会となったと感じております。三塚先生の情熱あふれる営業経験のお話は大いに刺激となり、受講した社員に新たな活力が湧き出しております。

今後とも、貴社合宿訓練へ参加させたいと存じますので、引き続きご指導のほど、よろしくお願い申し上げます。

末筆ながら、益々のご健勝とご多幸をお祈り申し上げ、御礼といたします。

敬具

派遣企業から頂いた感謝の手紙

拝啓
盛夏の候、先生にはますますご壮健のことと拝察いたします。
先日の合宿訓練では、大変お世話になりました。自分自身を
改めて一から鍛え直すことができ、新しい自分が発見できました。
今が本当の意味での出発です。いかに訓練中に学んだことを、実践、
継続していくかが大事です。営業という仕事で実績を積んで
管理者になれる様頑張って参ります。
本日より会社に出社いたしました。まだ声がかすれていて皆さんから
「頑張って来たんだね。」と言われました。また私の姿を見た人は自分が
訓練に参加した頃を思い出し「もう一度、あの頃を思い出し
頑張っていかなければならない。」と言っておりました。
先生もこれから暑くなり、大変かと思いますが、お体に気をつけて

参加者から届いた礼状

訓練生を厳しく指導していって下さい。六日間、本当に
ありがとうございました。また、お会いできる日を楽しみにしています。
敬具
七月二十日
〇〇
三塚先生

第8章　厳しい指導の必要性

現在の学校教育は、個を尊重し、楽しく、面白く、優しく接することが基本的な指導方針のようだが、それは生徒を甘やかしているのではないかと心配である。人間が成長することに効果があれば良いのだが、私は危惧している。楽しく学ぶ、優しく指導することは望ましいと思うが、それは教育効果がある生徒にである。

私は厳しさが根底にあって、教育の効果が出てくるものと考えている。厳しさとは、大きな声で怒鳴りつけたり、時には暴力をふるうほど厳しくせよという意味ではない。できない人にはできるまで、やってはいけないことは絶対やらないように、妥協せず教育することである。時には、感情あらわに強く言わなければいけないこともあるだろうし、しつこく分かるまで、やるべきことをできるまで言い続けなければいけないこともあろう。教育する者に必要なのは、生徒あるいは訓練生を決して断固甘やかさず、妥協せず相手に肉迫する厳しさである。

私が理想としている教師像は、サリバン先生や中村久子さんの母親中村あやさんである。サリバン先生はご存じのようにヘレン・ケラー女史の家庭教師となり、生涯師弟関係となった方である。ヘレン・ケラーは見えない・話せない・聞こえないの三重苦で、負い目を感じた両親が彼女を甘やかしてしまい、躾を怠ったせいで手に負えなくなってしまった。そこで家庭教師をお願いして、指導してもらう。しかし何人もの家庭教師が、ヘレン・ケラーの拒絶反応が強すぎ指導がままならないため途中でリタイアしてしまう。良い教師はいないのか懸命に探した結果、サリバン先生が紹介される。まだ弱冠二十一歳だったが、自身も幼少の頃トラコーマが悪化し盲目だった時期があり、そのような経験を活かし厳しい指導に当たった。サリバン先生自身の体験から、障がい者は決して甘やかしてはいけない。信念を持ち妥協のない指導で、教師と生徒の壮絶な戦いが始まった。特に、心を閉ざし指導を受け入れないヘレンの心を掴み、師弟の信頼関係を築けるように奮闘した。これまで教師の経験が無かったサリバン先生だけに、自らも学びながら試行錯誤しながらも、情熱溢れる指導を信念を持って粘り強く行った。服従と愛を強く意識して指導を継続した結果、ヘレン・ケラーは素直に心を開きサリバン先生に絶対的な信頼をよせ、旺盛な向上心を持って学び続け、ハーバード大学付属のラドクリフ女子大にも入学できたのである。以来、サリバン先生が七十歳で亡くなるまでヘレン・ケラーと師弟関係が続いた。

まさに教師のあるべき姿として、私も少しでも近づきたいと願っている。

同じくらいの時期に、中村久子さんも障がい者として苦労して生き抜いていた。二歳の時、凍傷となり、翌年特発性脱疽で両手両足を切断することとなる。父親は娘の病気にショックを受け体調を崩し死亡。母親あやは絶望にうちひしがれ、娘久子を背負い無理心中することを決意する。しかし、激流に身を投げる瞬間背中で久子が大声で泣き出し、死にたくないという叫びの声を魂で感じ無理心中を断念。それを機に久子を一人で生活できるよう鬼となって躾を始めるのである。両手両足のない久子にとって不可能と思える食事の仕方・裁縫の仕方・字を書くこと等を厳しく根気強く教育し続け、見事にやり遂げたのは感嘆せざるを得ない。娘が泣き叫んで嫌がっても妥協せず迫り、娘久子も後の自叙伝で母親あやは本当の親ではない、自分を拾ってくれた人なんだと思っていたと記述していたのである。あやは深い愛情があるからこそ我が子の将来を考え心を鬼にして、情けを捨てて指導したのである。これこそが真の教育だと私は考える。なお、一九三七年、東京日比谷公会堂でヘレン・ケラーと中村久子は、二人とも障がいを乗り越えて自立して生き抜いているということで出会っている。そのとき、ヘレン・ケラーは久子女史に「私より不幸な、そして偉大な人」との言葉を贈り、二人が対面したとき涙が溢れ出てしばし沈黙した姿は、会場全員を感動の渦に巻き込んだほどである。とても自立して生きられないほどの障がい者二人を育てたサリバン先生・中村あやさんは、教育を生業にするものにとって教育者の鑑であると思う。この二人にあやかりたいと思い、ビジネス教育訓練所では講師達と共に【教育は格闘である】をモットーとして妥協せず指導にあたっている。

第９章　合宿訓練でどのように指導していくのか

合宿期間中は、入所式から全ての修了式が終わるまで、講師は気を緩めることができない。良い訓練になるかどうかは、合宿開始の入所式が極めて大事である。入所式では、参加者に訓練に本気で取り組む覚悟を持ってもらい、訓練目標を明確に打ち出してもらうように全身全霊で指導にあたらなければならない。そのため、かつて世界一の教育をしていると言われた江田島の海軍兵学校を参考にしている。兵学校では入所した時、小便をちびるほどの恐怖と緊張感を持たせ、えらいところにやってきてしまった、生半可な気持ちでは乗り切れないぞという気構えを初めに植えつけ学校生活の覚悟をさせたのである。

そのため、入所式はその出来不出来が合宿訓練が成功するか否かを決するほどの重要な儀式になる。厳密に言えば入所式前からその成否の鍵を握っている。一つは、姿勢及び挨拶の指導を徹底して、まず形を作らなければならない。大きな声で号令をかけ、それに対し、返事が小さければ何度もやり直し、起立・着席の動作が遅ければすばやく行動できるまでその動作を繰り返す。時には、感情移入し気迫ある声で一喝したりして、より緊迫感を高めていく。

研修開始と終了の際の挨拶も語先後礼で、声を大きく心を込め、きれいなお辞儀が全員揃うまで妥協せず行う。つまり形から入り魂を入れていくのである。

次に、歌唱指導を行う。合宿訓練各コースには、それぞれに合った曲を設け、それを入所式・修了式・朝礼などの場で全員に歌わせ全員の志気を鼓舞する。コースによっては、歌唱審査を行う。そのため入所式前に全員歌えるよう指導するのである。黙想させて、まず講師が模範として歌ってみせる。ここが、二つめのポイントである。ただ歌うのではなく、研修参加者にとって、これまで聞いたことのないような大きな声で思い切り感情と気迫を込め全身全霊で歌うのである。参加者が感動し驚き鳥肌が立つほどの歌を歌うのだ。

実際、講師が壮絶に模範歌唱した際、参加者が感動し涙を流し、体が崩れ落ちたこともあった。

一通り歌った後、目を開けさせ、細かく区切って歌唱指導をしていく。これにより合宿訓練に前向きに取り組む意欲を最大限高めていく。そしていよいよ本番の入所式に移る。

入所式での最大の狙いは、参加者に自己変革の覚悟を決めさせ、具体的に何を学ぶか明確にさせることである。

合格基準は、次の点である。

1　最大の声と気合いを出させる
2　自己の問題点を素直にさらけ出させる
3　合宿の訓練目標を具体的に発表させる

しかしほとんどの参加者を、失格・不合格と突き放し、何度も発表させる。緊張のあまり声が出ない・よどみなく話すことができず絶句してしまう・内容が浅く抽象的・話す内容を整理しテキパキと話せない・慌ててしまい礼を忘れる等で、早くて五回、遅い人で実に二十回もやり直す場合もある。

しかし、この決意表明で早くも変化する人が出てくるし、その兆候が見られるのである。決意表明が終了するまで、午前中いっぱいかかるが、遅いときは二時、三時までかかる場合もある。精神を集中して取り組むので、講師のエネルギーもかなり消耗する。しかし、決意表明で合宿に取り組む姿勢をしっかりとつくることにより、合宿訓練の教育効果が極めて高くなる。そして本格的に、訓練に突入していく。合宿は、心・技・体をバランス良く鍛え、成長が確実にみられるよう、熱い情熱で妥協のない指導を講師陣が行う。初日は、基本動作・行動力・礼儀作法を徹底して身に付くまで指導する。

初日の山場は、何といっても歩行訓練、別名エキサイトウォーキング（歩行訓練）である。研修会場周辺を早歩きするのだが、体を鍛えるだけではなく、

１　チームワークの強化

２　目標への達成意欲を高める

３　一つのことに集中するだけでなく、並行して事にあたること、周囲にも目配り気配り

をすることを身に付ける

4　礼儀作法を体得させる

5　リーダーシップの取り方を学ぶ

等、多くの重要な狙いが込められている。

訓練は、講師が先頭に立って歩き、訓練生が以下十メートル間隔を保ってついていき、且つ与えられたテーマについて考える。単純なのだが、十メートル間隔ができず、大きく前の人との距離が離されてしまう、どこへ行くのか道がわからず迷子になってしまう、課題を考えることがおろそかになり、歩行訓練後発表できない等が起きる。したがって、決められたルールをほとんど守れないことを一喝し、訓練は甘いものじゃない、真剣にやるようにと気づかせる。

三日目、四日目の合宿後半は、訓練生に時間の目標を設定させて、実施する。講師が到着してから全員が何分以内に到着するかの時間を考え、目標を立てさせる。もし未達成の場合は、腕立て腹筋か正座のペナルティを課す。そのペナルティを講師も訓練生と共にやるのである。自分たちの努力不足や甘さで未達なのに講師もペナルティをやるのだということを申し訳ないと思い、後半に向けての訓練に一層真剣且つ本気で取り組んでくれるのである。講師達にも、目標達成できないのは指導が悪いからだと反省を促すことと、厳しい指導をするが同じ目線でやるのだという意識を持たせる狙いがある。

初日の基本動作訓練に、即答訓練がある。主な目的は積極性を引き出すことである。他に、機敏な動作・自信を持って大きく話す・瞬時に考えることを訓練で鍛える。参加者は緊張と不安で消極的且つ受け身になっているので、それを打破するためにも初日に実施する意義は大きい。進め方としては、講師が矢継ぎ早に質問し、訓練生は即座に回答を発表する。即答訓練のルールは、

1　質問されたら、わかってもわからなくても全員大きな声で返事をし挙手する
2　指名されたら大きな声で返事をして起立する
3　間髪入れず大きな声で答える。わからなくても「わかりません」は禁句とする。間違っても良いから必ず答える
4　答えたら「以上」と締めくくり着席する

という簡単なものだが、すぐ絶句してしまう・ハイの返事を忘れる・声が小さい・動作が緩慢・禁句である「わかりません」を言ってしまう・答えてから以上を言えない等でペナルティとして立つことがほとんどである。

この訓練をスピーディー且つエネルギッシュに進めていくことで、訓練生に活力が湧き、積極的な行動が顕著にみられるようになる。後の訓練生の感想でも、ほとんどこの即答訓練で意

識が変わり自然に積極的に行動できるようになったと語っている。

初日は行動や態度を変化させる訓練が中心となっているものの、夕方から初日終了まで、ビジネスマナー知識とマナーの考え方を奥深く勉強してもらう。初めにペーパーテストを実施し、正解発表及び採点。

夕食後、訓練生から意見を引き出しながら、ビジネスマナーはどうあるべきか解説していく。これまでの知識やビジネスで行動していたことが誤解していたり間違っていたことに気づくことが多々あり、わかっていたつもりだったが、実は知らなかったという反省の声が沢山聞こえる。

毎晩訓練終了前、派遣責任者宛に研修報告書を作成させる。研修目的はその日の研修を振り返り反省することと、派遣企業に参加者の研修の様子を知らせることである。講師は、提出された報告書を採点し、誤字脱字・おかしな文章を指摘し、書き方も指導する。そして、解散前に電気を消し全員黙想させ、自己を見つめ直させる。深呼吸をさせ、その日一日の行動を振り返り、自己反省を厳しく行い、翌日の目標を明確に心の中に刻み込んでもらう。その後、講師は訓練生の心の奥底に響くように、詩をゆっくり感情を込め伝える。訓練生の中には、詩を聞きながら涙する者もいる。最後は、暗示の言葉を唱和し、翌日へのモチベーションを高め終了するのである。

人生の戦いは
常に強い人早い人に歩があるのではない
いずれ早晩　勝利を獲得する人は
〝私はできるんだ〟と信じている人だ

本気

本気ですればたいていのことはできる
本気ですれば何でもおもしろい
本気でしていると誰かが助けてくれる
人を幸せにするために本気で働いている
ものは
皆幸せで皆偉い
本気になると
自分が変わってくる
世界が変わってくる
変わっていなかったら
本気になっていない証拠だ

成功哲学

もしあなたが　敗れると考えるのなら
あなたは敗れる
あなたが　どうしても考えないなら
何ひとつ成就しない
あなたが　勝ちたいと思っても
勝てないと考えるなら
あなたに勝利はほほえまない

もしあなたが　いい加減にやるなら
あなたは失敗する
われわれがこの世界から見出すものは
〝成功は人間の意志によってはじまる
　すべては人間の精神状態によってきまる〟
ということだ

もしあなたが　脱落者になると考えるなら
あなたはその通りになる
あなたが　高い地位に昇ることを考えるなら
勝利を得る前に
かならずできるという信念をもつべきだ

殼

殼を脱ぐ
それはかにもやる
とんぼやせみもやる
人間もこれをやらねばならぬ
木は年輪を持つ
竹は節を持つ
人間もこれを持たねばならぬ
うどの大木では
かにやとんぼや木や竹に
笑われる
生まれたままでは
万物の霊長とは言われぬ
殼を脱ごう
年輪や節を持とう
新しい自分を作るため
新しい世界を開くため

夜、終了前ゆっくり参加者の心に響くよう唱和する詩集例

二日目以降は毎朝六時から野外で朝礼を行い、早朝からエンジン全開で訓練に取り組むようにする。特に、リーダー・サブリーダーの朝の訓辞には力を入れ、気合いを入れ感動を与えるスピーチができるまで繰り返す。訓練生によっては十回以上やり直す場合もある。ポイントは、全員の士気を鼓舞することと、教育的内容を折り込み教訓となるようなスピーチにすることである。早朝のためまだ眠い訓練生や疲れを感じている訓練生にも気合いが入り良いスタートが切れる。朝礼後半は、体操・乾布摩擦・朝のマラソンと息つく間もなく実施していく。以上の研修は共通項目で各コース必ずカリキュラムに入っており、参加者を変革するにあたって重要な内容である。

次に、審査について記述しよう。合宿訓練の成功の鍵を握っていると言って良いほど審査は非常に重要な位置づけとなっている。訓練生をあるレベルまで引き上げるために審査はどうしても必要である。またそこに到達することにより一枚一枚殻を破ることにもなる。審査は点数をつけて言い渡す。訓練生にとっては合格まであと何点か現状をよく把握できる。審査項目によって、合格基準は違うが、六十点合格の項目が多い。どの項目も簡単に合格できるものはなく、持てる力を一二〇%出し切らないと突破できず、合格すれば涙を流すほど嬉しいし、達成感があり自信につながるものばかりである。暗唱審査は基準がハッキリしており採点しやすいが、スピーチ審査等、他の項目は基準を決めているものの採点が難しく、訓練生にも不満が出ないよう審査することが講師の腕の見せ所である。特に、歌唱審査・精読審査は訓練生の殻を破るための審査で、講師の感性が要求される難しい審査項目である。いずれも大きな声を出させ、自分をさらけ出すことが必須条件である。さらに、精読の詩や歌唱の歌詞の意味を深く理解し感情移入してもらう。声・気迫・情熱を最高のレベルまで要求し限界まで挑戦させる。それをよく見極め、殻を破れたとき合格の判定をするのである。講師も、基準が分かっていても、常に的確な点数評価をしていくことが難しく、場数を踏んで審査能力を磨くしかない。訓練生は精一杯審査に挑戦してくるので、点数のギャップがあると不満が出てモチベーションが下がってくる。また、それまでに講師と訓練生の信頼関係を築けていないと点数への不満が出てくる。歌唱審査や精読審査は、それだけに講師の力量も問われることになる。いろいろな条件が満たされ、審査をしっかりとやることによって、この審査が大きな変化をもたらす転機となる。そして、合宿後半、大事な場面に突入していくのである。なお、歌唱審査とは文字通り歌を歌うことであり、精読審査は、『時は今』という詩を精魂込めて読んでもらう審査である。

次に努力した成果を定量的に審査するため、暗唱審査を行う。コースによって、十箇条か七

時は今

お前はろくでなしか
いつになったらやるんだ
一体何がおきなきゃならないのだ
その為に
家族が死ななければならないのか
会社がつぶれなければならないのか
ガンの宣告を受けなければならないのか

そのうち　そのうちと延ばし延ばしで
一体何年生きてきたんだ
時は今しかないんじゃないか

人は皆自分の人生を考えることを先に延ばして
周囲のことばかり他人のことばかり気にかけて
批判をしている評論家ばかりじゃないか
それを人の為といって
自分をごまかしているんじゃないのか

お前は一体いつになったら
自分の人生を真剣に生き始めるのだ

人のせいにしているときは過ぎた
何かのせいにしているときも過ぎた
過去はないのだ
お前が勝手に思い出しているだけではないか

不満を改善するために
自分をより成長させるために
素晴らしい未来のために　今を生きようではないか
それをするのは　他でもないお前なのだ

そしてその時は
今しかないのだ！

精読審査の詩の内容

箇条に作成した条文を暗記し、制限時間を設け口頭で発表させる。条文の一語間違っただけで点数にならず厳しい基準で審査するので、訓練生はかなり苦戦する。参加者によっては、所定の日程で合格できず、延長を余儀なくされる。時間を有効に使い集中して覚えなければいけないことと、講師の前に立つプレッシャーをはねのけないと合格はできない。講師の主観が入る余地が無く、客観的な審査ができるので講師にとっては審査しやすいのだが、訓練生にとってはテニヲハを間違うだけで点数が上がらず、正確に発表してもスピードが遅いと時間オーバーで合格できず、厳しい科目である。

他にもコースによって、実践的な内容のものを審査科目として設け、一定の水準に到達できるまで妥協せず審査を行い、レベルアップを図り、意識改革をするのである。合宿後半、共通の審査科目として、行動目標の作成と卒業スピーチがある。行動目標は、合宿終了後職場でどのように行動していくかを具体的且つ明確に文書に打ち出す。合宿を数日過ごすことにより、自分の行動の甘さが浮き彫りにされ、やるべき事をやっていなかった・中途半端だった・自分本位だった等反省したり、あるべき姿勢や自分が何をなすべきか学び、今後の方向性が見えてくる。したがって、それをよく整理し、五項目に絞り、5W1Hを使い具体的にどう行動していくのかを書いてもらう。

講師が内容をチェック・採点し、合格するまで書き直しをしていくのである。最後に、卒業スピーチを行い、完全に殻を打ち破ってもらう。スピーチ内容は、前半でこれまでの職場でのいたらない自分をさらけ出し、次に合宿で学んだことは何かを述べ、最後にこれからの具体的な目標を宣言してもらう。最高の大きさの声、気合い、汗と涙で全身全霊で壮絶にスピーチするのである。これまで厳しい訓練・審査を乗り越え、意識が確実に変わってきているので、最後の集大成として実施する。最終日までで自分の厚い殻が破れつつあるので、ほとんどの訓練生は早い段階で裸になって、素直に自分をさらけ出し感動的なスピーチを行い、一、二回で合格する。しかし、中には能力内で各審査を合格し、自分を捨てきれず、取り繕ったスピーチ・格好つけたスピーチ・淡々としたスピーチをする者もいるため、何度も不合格で突き放し、自分を深く見つめ直させ、裸で自分をさらけ出すまで、妥協せず審査を繰り返す。これまでの訓練生で、その卒業スピーチだけで四日間も費やした人もいる。吹っ切れたスピーチができたときには、涙・鼻水が止めどもなく流れ、まさに生まれ変わった瞬間をまざまざと見ることができる。そしてその時こそが講師冥利に尽きるときでもある。

　意識を変える特訓方式の合宿訓練が評価され長い間指導してきた。これからもますます必要な方式と考えている。しかし、研修ニーズも多様であるため、参加しやすく教育効果も高いコースを模索し、後に特訓合宿に続き実践合宿方式の研修コースを開発したのである。この実践合宿方式は審査方式を設けず、これでもかこれでもかと追い込み変革するのではなく、訓練生には自発的に参加してもらい、実践訓練を通じ深い気づきを得る狙いがある。延長することもなく所定の期間で修了できるので、仕事に支障が無く計画的に派遣できるのである。特訓と

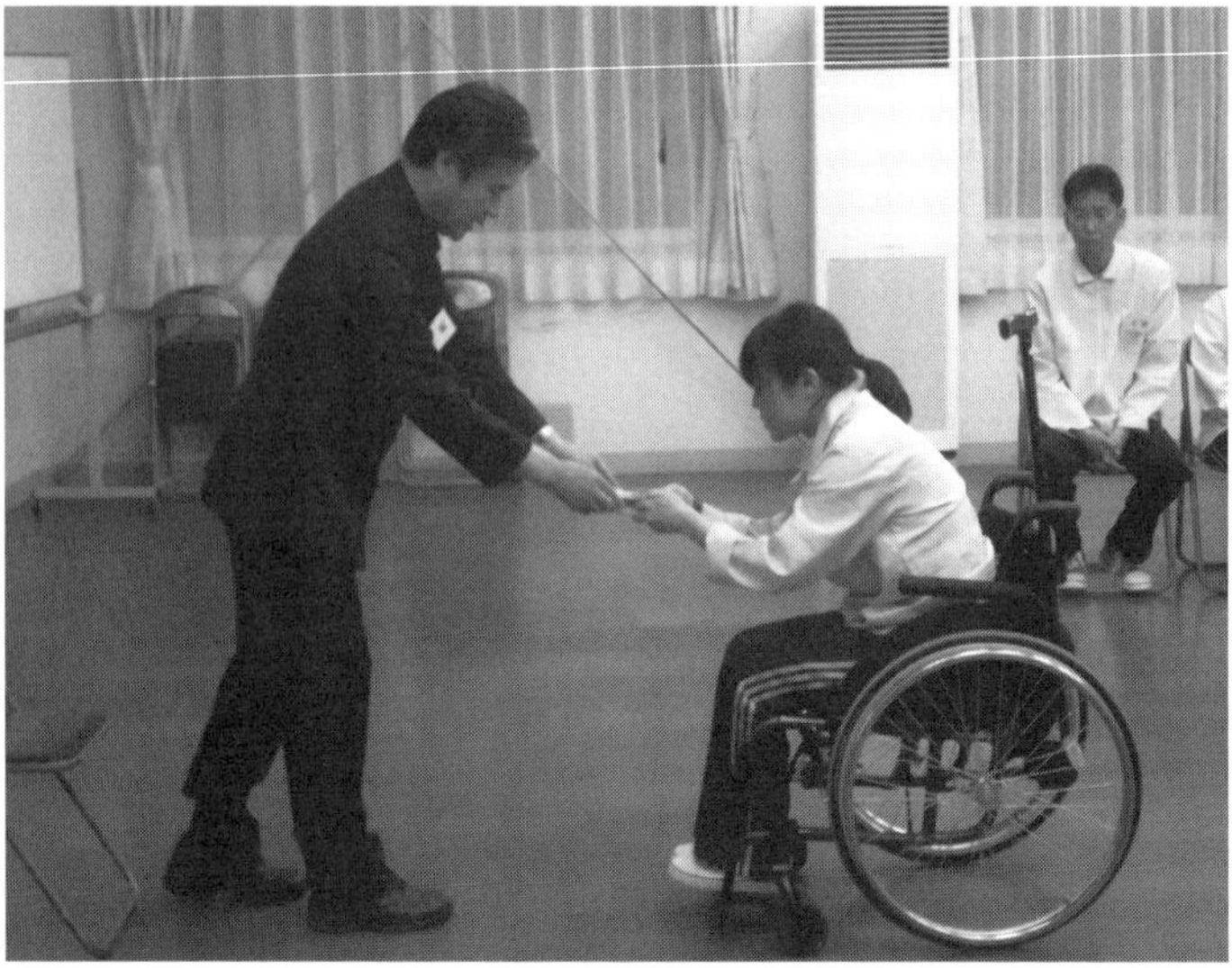

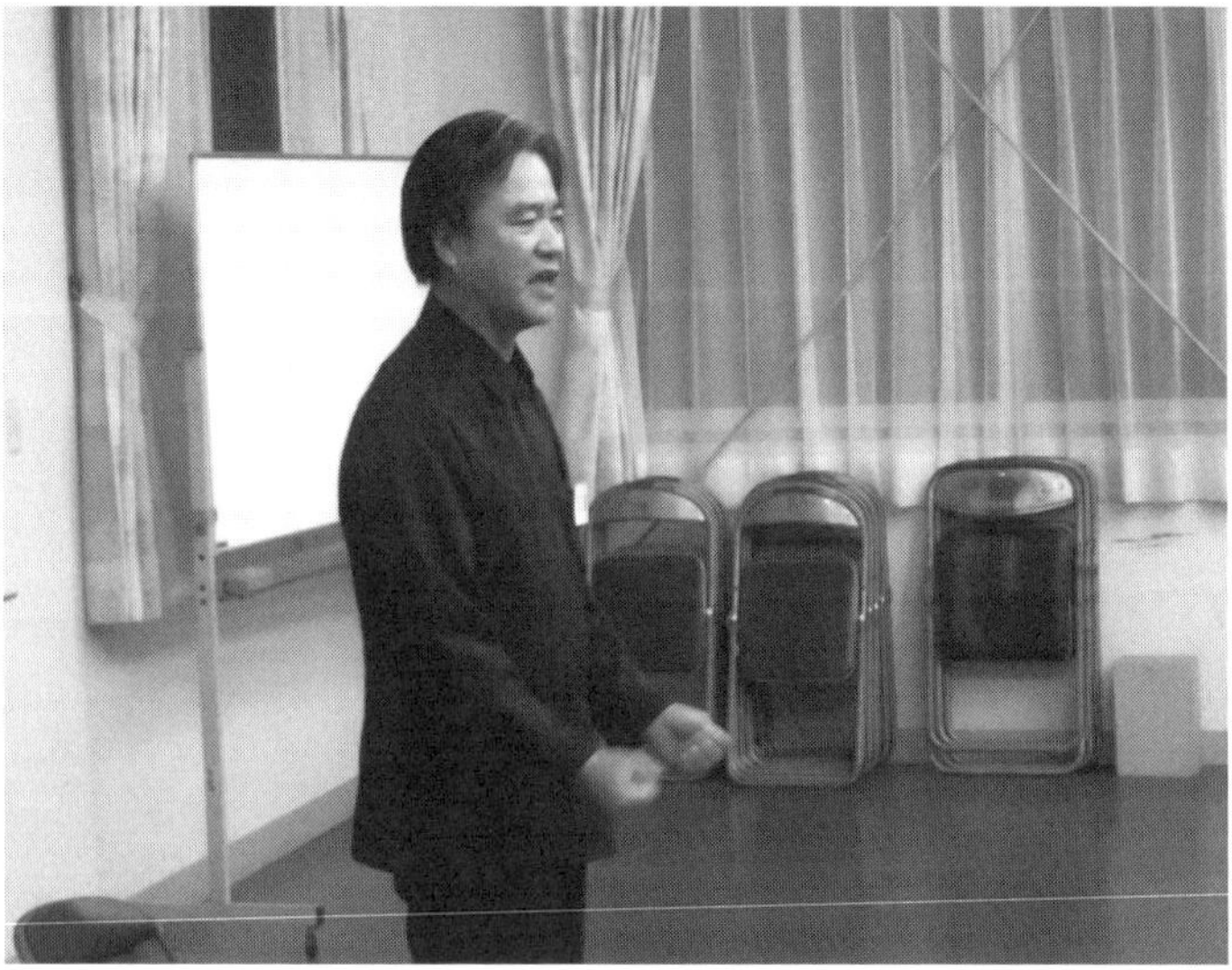

同様対象者別、職種・階層別に分け、それぞれに適合した研修内容で短期間に集中して指導する。特訓とは違ったアプローチで研修を進め、内容も興味深いものが多い為か、参加者は非常に興味深く取り組むことができ学びが多く、あっという間に時間が過ぎてしまったと感想を述べている。どちらのコースにも参加した方は、特訓は精神面と体力面が相当鍛えられたが、実践合宿は頭を使うことが多く、いかに普段頭を使っていないか思い知らされたと違いを語っている。時代の変化、参加者の気質の変化等もあり、最近はこの実践合宿が人気があり参加者も増加している。特に管理職のコースは三日間から一日増やし、三日目の夜は懇親会と、参加者の交流を深める場も設けている。利用企業からアンケートをとり、常に利用者の声を聞き、より学びやすい環境や効果のある教育指導を心がけているのである。

第10章　どんな訓練生が脱落するのか

心身共に限界まで追い込み、殻を打ち破り、自己変革を目的とした合宿訓練なので、当然脱落する訓練生も出てくる。講師が訓練生の表情・態度・行動・言動をよく観察し、脱落しないように気を配っているものの、どうしても時々脱落者が出てしまうのである。最近は、派遣企業で根回しをしっかりするようになり、参加者も覚悟して入所するので脱落するケースが以前よりかなり少なくなっている。どうすることもできないのは、夜中に誰にも言わないでこっそり脱走する訓練生である。気づかれないよう逃げ出すので、どうしようもないケースである。帰りたいと申し出てくる場合は、じっくり話を聞いて且つ最後までやり遂げる重要性を熱く語り説得して残ってもらう。それでも、帰りたいという気持ちが変わらない場合は、派遣責任者に連絡し、本人に直接話をしてもらい最後までやりとげるよう伝えてもらう。退所させるのは簡単だが、本人の今後の人生を大きく左右するので、真剣に訓練生と向き合い、脱落せず最後まで訓練を続けてもらうよう、変革することを第一に考え全力を尽くさねばならない。訓練生を見捨てて退所させるのは簡単だが、せっかく大きな変革を期待して貴重なお金と時間をかけた派遣企業にとっては、その後の対応が難しくなる。参加者が変革せず帰るだけではなく、本人の将来に汚点を残すこととなるからだ。脱落しそうな方は能力的に低く、考え方が後ろ向き、それでいてプライドが高すぎることが共通している。したがって、合宿に踏みとどまり続行したとしても、指導にかなり神経を使うこととなり、常に創意工夫した指導が欠かせない。講師にとっても、良い試練となる。まさに指導する側に忍耐力と、訓練生を変革するんだという確固たる信念と熱い情熱が非常に要求される。しかし、それがうまくいった時には、間違いなく厚い殻が破れ、大きく成長する。感動が生まれ、講師と訓練生が、自然に熱い抱擁になり、講師冥利に尽きる瞬間でもある。

過去に脱走したものの合宿に復帰し、汗と涙で合格し、大変感動的だった訓練生がいた。その方は、製造会社の将来を嘱望された二十五歳の若手社員だった。内向的な性格だが非常に真面目で、真摯な態度で訓練に取り組み、脱走することは講師も同部屋の訓練生も全く予測していなかった。二日目深夜脱走し、早朝気づいた同部屋の訓練生から報告を受けた。すぐ派遣企業と連絡をとり、社長も何としても最後までやってもらいたいという考えであったので、自宅の電話番号を教えてもらい連絡した。残念ながら、本人はバツが悪いのか電話に出ないので、お母さんに詳しく状況を話し、本人の将来と会社の本人への成長の期待を熱く語り合宿に復帰させるようお願いした結果、お母さんの説得がきいたのか午前中に合宿所に戻ってきてくれた。心を入れ替え、本気になって取り組み、一皮も二皮も剥け、すばらしい修了となった。その後、会社でも頭角を現し、重要な職務を任され大きく成長したとの嬉しい知らせを受け、大きく変化することができる凄さを再認識したのである。

第11章 教育の重要性を理解し、計画的に実行し成功している会社とは

特に、当社の研修をうまく活用し、社風を変え業績を上げている企業を詳しく紹介したい。成功している企業の共通点は、教育の重要性を深く理解し、信念を持って徹底して実施しているところであろう。当社とのコミュニケーションも密にとって、具体的に要望を出してくるし、終了後あまり変化がない場合は妥協せず指導の様子を聞いてくる。時には、合宿の現場を訪れ、見学し、参加している訓練生に激励の言葉を掛けていく。合宿後半には、電報もしくはＦＡＸで激励する。派遣計画をしっかり立て、事前の配慮、終了後のねぎらい、その後のフォローも実にきめ細かくやっている。合宿参加予定の方には、参加前に面談し、研修の目的・心構え・合宿に必要なもの・今後の期待度を充分に伝えて士気を鼓舞し、参加者の不安を排除する努力をしている。

合宿から戻ってきたら、学んだ事・今後やるべき事・研修の感想を朝礼で全員に発表してもらい、拍手で賞賛する。トップもしくは幹部は、会食の場を設け、ねぎらいの言葉を掛け研修の詳しい報告を聞き、抱負も語ってもらい、良いものは積極的に取り入れ参加者をサポートすることを約束する。合宿参加者は、より前向きな気持ちになり、積極的に仕事に取り組んでい

くようになる。参加者の上司は、一カ月に一度面談する。合宿で作成した行動目標がどれだけ実行できているか検証し、反省を促したり、確実に実行できるよう会社がバックアップする助言もしている。

さらに、合宿参加者を定期的に招集し、フォロー研修を継続的に行い、年一回当社の講師を招いて、熱い思いが蘇るようフォロー訓練を実施している。利用企業の全社員の三割以上を当社の合宿訓練に派遣し、成果を上げている教育効果として、①業績が向上する、②活気溢れた職場となる、③礼儀正しくなり企業イメージが著しく良くなる、④コミュニケーションが円滑となりチームワークが良い、⑤基本動作が当たり前にできるようになり、仕事のミスが激減する、⑥前向きな社員が増え、チャレンジ精神が旺盛でより上を目指すようになる。具体的に目に見えてわかる行動の変化は、挨拶を明るく大きな声で元気良くする・名前を呼ばれたら打てば響く明るい返事をする・来社したお客様には全員気持ちを込め挨拶し、迅速に対応する・指示を受けたら復唱し、正確に業務遂行する・報告はタイミング良く具体的且つ分かるようにし、悪い報告こそ優先して行う・電話が鳴ったらすぐ受話器を取り、明るくテキパキとお客様の立場に立って応対する・会議では積極的に発言する・問題が起きたら後回しにせずすぐ取り組み、改善、反省する点は人のせい、何かのせいにせず、素直に改める・現状に満足せず、本を読んだり、セミナーに参加したり、自己啓発する等の変化が見られる。

第12章　企業内教育の担当者へ

各企業の教育担当者は、非常に重要な職務を担っている。まじめで一生懸命な社員なので、何とかやってくれるだろうと安易に任命すべきではない。販売会社ならトップセールスマン、製造会社なら技術の第一人者に担当させる覚悟が必要である。「名選手名監督にならず」という諺があるが、決してそうともいえない。読売巨人軍の名選手であった川上哲治が監督になって、前人未踏の九年連続日本一を成し遂げたのである。確かに、選手時代名選手だったり、販売の世界でトップセールスマンだった人の中には、一匹狼で自己中心的な人もいるが、妥協せず、何事にも徹することでトップになる点は共通している。重要なのは、事に当たる前に、教育担当者としての心得・重要性・使命感を充分伝えることである。そうすれば意気に感じ、人材育成に熱い情熱を持って、妥協のない厳しい指導及び研修システムを構築するのに全力を尽くし、全身全霊で取り組むはずである。実績がある人が現場から抜けることは業績面で痛いのは仕方がない。それより社員のレベルを上げ会社全体の業績が向上すれば良いのである。

さて、教育担当者として仕事を始めるに当たり、会社を繁栄させるか否かは自分にかかっていると深く認識することである。

企業は人なりで、人材育成を着実にしていくことが、会社発展に繋がるのは間違いない。したがって、社長とのコミュニケーションを緊密にとり、トップの考え方や会社の方針や求める人材を明確にして、社員教育に尽力すべきである。

次に着手すべきなのは、研修計画を綿密に立てることである。これまでの研修実績・研修コストを検証し、最小の投資で最大の効果が上がるよう検討する。場合によっては、教育効果を上げるため、思い切って費用をかけなければいけないこともあるかもしれない。いずれにしても、何が自社に必要か、どういう研修が良いのか、教育内容・対象者・教育時間・日程・スケジュール・講師等熟慮し計画を策定し、トップに提案すべきである。

トップの顔色を窺うことなく、自社の人材育成のために最高の計画だと信念を持ってやることである。トップの理解が、研修内容や経費等で得られない場合があっても、熱意を持って粘り強く説得すべきである。徹底した議論の末、トップの考えに沿って修正しなければいけない場合は、すみやかに受け入れ、再度計画を策定するのである。なお、育成計画の中には、外部の教育を導入する場合もある。むしろ、自社の教育だけではなく外部教育と組み合わせて相乗効果を出すべきである。外部教育を取り入れる際、教育担当者はパンフレットを見るだけで決定せず、自ら研修に参加して判断すべきである。時間がとれず参加できない場合は、せめて見学して自分の目で判断すべきであろう。

では、教育担当者として、自分自身が講師として指導に当たる際の心得及び指導の留意点について述べたい。

第13章　教育担当者の留意点

教育担当者に就任したら、企業の業績向上に自分の職務が多大な影響を与える重要な任務であることを認識し、強い覚悟で臨まなければならない。研修の指導スキルを向上させることはもちろんだが、人間的魅力を磨き上げることを怠らず、普段から模範となる人物にならなければならない。

あの人の指導だったら是非勉強したいと思ってもらえることである。そのためには、自己研鑽は常に行い、周囲と密なコミュニケーションをとる・ビジネスマナーをわきまえ好感を持たれるように常に努力をすべきである。

教育に関する専門知識だけではなく、広範囲にわたっての幅広い知識・見識を身に付けるよう読書をすることも大切である。教育担当者であれば、月十冊程度を読破すべきであろう。

また、社内の人間だけではなく、外部の一流といわれる人たちに積極的にアポイントを取り面談すべきである。世間には凄い人たちが沢山いるものである。直接会って、肌で感じ、学ぶことが非常に勉強になるはずである。さらに、自分自身が指導する場面が多くなるが、様々な研修会社のセミナー・研修会に積極的に参加し、学ぶ機会を増やすべきである。そうすることにより、指導のノウハウを身に付けられるし、研修の進め方も勉強になる。そして人脈も得られ、より魅力的な人間になれるであろう。

次に、実際の研修を担当する際の留意点である。良い研修を実施するためには、綿密な準備が大切である。研修テーマ・受講対象者・参加人数・研修日程・研修時間・研修場所・講師・研修資料・研修予算・研修に使用する物・開始時終了時に挨拶する責任者が必要か・オブザーバーを参加させるのか等を検討し、きめこまかく準備をしなければいけない。

研修計画で教育担当者自身が講師として指導する場合の留意点としては、まずは、研修テーマ・研修に参加する社員のプロフィールを把握し、どのような内容でどう進めるか詳細に検討すべきである。方向性が決まったら、それに必要な事前の知識・使用する教材・テキストを準備しなければいけない。よく分からないことは書店に行き必要な書物を買って読んだり、インターネットで調べたりする。

そして、研修レジュメをしっかり作成するのである。そのレジュメを使いこなせるよう、声を出し実際に研修しているイメージで練習する。所要時間はどれくらいか・内容に過不足はないか・抽象的な箇所はないかチェックしながら練習するのである。おかしなところは修正を加えながら、これで大丈夫だと自信が出るまで練習すべきである。経験豊富なベテランや抜群に能力が高い人ならともかく、新任やまだ経験不足の教育担当者なのに準備が中途半端であれば、必ずどこかに落ち度が出てくる。妥協のない徹底した練習が大切である。講義や研修の進め方がある程度流れよくできるようになったら、奥さんや、独身だったら親御さんに聞いてもらうとかして、率直に評価してもらうと良い。

いくつか修正すべきところが出てくるかもしれないし、人を前にすると話が詰まってしまうところもあるかもしれない。

また、配布するレジュメ及びテキストは、参加者の立場に立って見やすく・理解しやすいものを作成するのである。教育担当者自身のレジュメは詳しく、質問や予定通り進行しない場合でも、あわてず対応できる内容のものが必要である。なぜなら、参加者のレベルがバラバラであろうから、レベルの高い人からの突っ込みも予想される。同じ会社の人間だから遠慮なく鋭い質問等が予想される。何が起ころうと大丈夫だと思うまで準備を怠らないことである。参加者は、あなたを講師として尊敬信頼できる人であってほしいと望んでいるはずである。したがって、落ち度がないように、最善の準備をしなければならない。研修ツールもどのようなものが必要なのかよく考えしっかり準備すると安心である。

しかし、どれほど研修教材・指導内容をしっかり準備したつもりでも、経験の浅い人はそれでも不安なものである。上手くいかないのではないかというマイナスイメージを払拭し、教育担当者として、研修会は必ず成功するんだと良いイメージを常に思い浮かべ、いざ本番の研修に臨んでほしい。

対象者別の指導について

新入社員教育

新入社員教育は、対象者の年齢が若いし仕事をまだ知らないので、軽く考えがちである。しかし、むしろ階層別教育の中でいちばん指導エネルギーを消耗するし骨が折れる、神経を一番使わなくてはいけない研修である。

「鉄は熱いうちに打て」の諺通り、厳しい教育が基本であるが、ただ厳しいだけでは、拒絶反応が出るだけで教育効果は出ない。新入社員の反応をよく見て、彼らの心を掴んだ上で厳しく且つ情熱溢れた指導をするのである。研修メニューに興味を持つような内容も導入し、研修の意図をよく理解させせながら進めることがとても大切である。

重点的に指導すべき内容は、次の点である。

1　学生から社会人の意識へと切り替える
2　ビジネスマナーとビジネスの基本動作
3　組織人としての考え方とその役割
4　協調性と行動力を身に付ける
5　仕事への責任感を植えつける

6　働くことの意義、仕事のやりがい、仕事を通じて自己を成長させること

新入社員は全く白紙の状態なので、指導次第で大きく変革できる。したがって、講師の指導力が極めて重要である。

中堅社員研修

仕事内容には精通し、実績も出始め戦力になっている階層である。反面マンネリになっていたり、向上心が欠如している社員もいるだろうから、刺激を与えるような密度の濃い研修が必要である。

特に中堅社員で重点的に指導する内容は、次の点である。

1　先輩として後輩の見本となり指導もできるようにする
2　マンネリを刷新し、より上を目指すようにさせる
3　ビジネスマナー及び基本動作の再確認
4　自己啓発の促進
5　上司の補佐
6　他部署とのコミュニケーション等々

中堅社員には教育担当者と同じくらいの世代が多いので、ライバル視して厳しい目でみられると思う。そのため、努力して身に付けた指導力で自信を持って研修にあたるべきである。

営業マン研修

受講する営業マンは、営業の経験と実績のある研修担当者には真剣に耳を傾け学ぼうとするだろう。しかし営業経験が無い・営業の実績が無い教育担当者は、軽んじられるかもしれないので、心して担当すべきである。

そのため、営業力を強化する内容メニュー等は、社内のトップセールスや外部の講師に協力してもらい効果的な営業研修を企画するべきである。

営業マン研修の重点的な指導内容は、次の点である。

1　目標達成意欲の強化
2　セールスの原理原則・基本の徹底
3　販売環境の変化や実状を伝える
4　セールスマナーのレベルアップ
5　商談技術向上のためのロールプレイング
6　新商品の商品知識とセリングポイント

7　クレームの実態及びクレーム対応等々
自社内の講師の方が徹底でき効果的なもの
（商談のロールプレイング・商品知識・セールスマナー）
外部講師に任せた方が良いもの
（販売環境・セールスの高度なスキル・セールスシップの強化）

研修内容をよく分析し研修計画を立てるべきである。会社の業績に直結するのが営業マン研修なので、実践的な研修を実施することが肝要である。

管理者研修

教育担当者より社歴が長く、役職も上の人も受講するだろうから、しっかりと準備をして参加者に満足してもらうようにする。管理者は会社の要で実績を上げたり実力があるから任命されたはずである。このクラスは向上心が旺盛で勉強している人も多いので、教育担当者は、彼らを上回る勉強をして、真剣且つ熱意を持って指導していくべきである。

管理者研修の主な内容は、次の点である。

1　より上の地位任務を担えるようにする

2　リーダーシップについて
3　部下育成の重要性と育成方法
4　上司の補佐について
5　他部署との連携や協調性
6　自己啓発の促進
7　部下の褒め方・効果的な部下の叱り方
8　コーチング・カウンセリング等

管理者研修は、外部の講師や役員に依頼することが多いだろうから、研修ニーズをよく把握して充分な根回しをしなければいけない。管理者のレベルが上がれば会社の発展に繋がるため大事な階層である。研修担当者の腕の見せ所であろう。

第14章　性格を変える

研修では仕事のできる社員に鍛えていくのだが、それには性格まで変える必要があると思い指導している。教育に携わる人がよく使う「意識が変われば行動が変わる・行動が変われば習慣が変わる・習慣が変われば性格が変わる・性格が変われば人生が変わる」という名言があるが、まさにそれを日々実践している。それを裏付けるような記事が新聞に掲載された。『日本経済新聞』の経済教室の欄に、人材育成のことが興味深く書かれてあった。それは、学力より性格が職業人生に大きな影響を与えるということである。そして、性格は青年期以降も向上が可能とのことである。その考え方を提供したのは、二〇〇〇年にノーベル経済学賞を受賞した米シカゴ大学のジェームズ・ヘックマン教授らを中心とした研究である。

この論文で特徴的なのは、認知能力と非認知能力を、それぞれ認知スキル・性格スキルと呼び変えていることである。性格スキル＝個人的資質とすると、それが遺伝的なものでほとんど変わらないと考えてしまいがちであるが、むしろ人生の中で学ぶことができ変化しうるという。性格スキルはこれまで政策現場や経済学で見過ごされてきたが、学者達はこうしたスキルを長年研究し、ビッグファイブという分類が広く受け入れられている。ヘックマン教授らはこれまで多くの研究を引用し、性格スキルが学歴、労働市場での成果、健康、犯罪などの幅広い人生の結果に影響を与えることを明らかにしている。

つまり、性格スキルの重要性を認識し、その向上を人材育成の柱に据えるべきという。ここでいう、ビッグファイブとは、真面目さ・開放性・外向性・協調性・精神的安定性の五つである。具体的には、真面目さは、計画性・責任感・勤勉性の傾向であり、自己規律・粘り強さ・熟慮することとである。開放性は、新たな美的、文化的、知的な経験に開放的な傾向であり、好奇心・想像力・審美眼のことである。外向性とは、自分の関心や精力が外の人や物に向けられる傾向で、積極性・明るさ・社交性である。協調性は、利己的ではなく協調的に行動できる傾向で、思いやり・やさしさである。精神的安定性は、感情的反応の予測性と整合性の傾向で、不安・イライラ・衝動が少ないことである。この研究結果から、これまで合宿訓練で指導してきたことが、この研究結果と一致するので、これで良いのだと非常に自信を深めることができ、より一層意識を変え行動を変え性格を変えていく研修に力を注いでいかなければならないと考えている。

性格別指導

合宿訓練には、様々なタイプの訓練生が参加する。画一的な指導で効果があれば、何の苦労もないが、それぞれに柔軟且つ適切に指導しなければいけない。それだけに、講師としては、訓練生の反応に神経を使い知恵を出し、指導力・情熱・忍耐力・信念・経験・知識・愛情の全てを出し切って取り組まなければいけない。人間を変革する大変な仕事だが、彼らの殻を破り大きく成長させることができればこの上ない喜びであり、教育の醍醐味を感じることができる。

素直で有能な訓練生

最も訓練効果が高く、厳しく指導しても反発せずしっかり学び身に付けるタイプである。講師が話したことをよく理解でき、正確に実行できる。問題点を厳しく追及したり時には感情あらわに一喝しても、自分の非を素直に認め納得し改善できるのである。できる人間は、叱っても叱った人にありがたいと感謝できるし、できない人間は逆に反感を持ったり、叱る人を批判したりすることが多いのである。したがって、素直で有能な人は、思い切り厳しく指導できるし、レベルがさらに向上するのである。合宿訓練に継続的に派遣してくれる企業には、地位が上の人やできる社員から計画的に派遣するようお願いしているが、実際逆のケースが多いのである。

自信過剰な訓練生

自分は簡単に合格し修了するから延長するはずはない。訓練もたいしたことはないだろうとなめてかかってくる訓練生が結構いる。

つまり、社内で実績を上げできる人間だと過信している人がいる。したがって彼らには、まず鼻を折ってまだまだ現状は力がなく未熟な人間だということに気づかせることである。また、俺は負けないと講師にライバル意識を持ち、素直に聞き入れない人もいるので、講師は全てにおいて圧倒するレベルを示すこと、もしくはひたむきに打ち込み情熱溢れた指導をするしかない。

講師は常に自己研鑽して自分自身が成長し続けることである。いつも声が大きく気迫がある・礼儀正しく毅然としている・頭の回転が速くきびきび行動する・話はいつも深く掘り下げて論理的である・一緒に走っても訓練生より速くガッツがある等、凄い講師だと感じると、いくら自信過剰な人も一目おいて素直な気持ちで真剣に取り組むようになる。講師力を付け並外れた情熱で指導すれば、訓練生もそれに応え教育効果も極めて高くなる。

自信が無く消極的な訓練生

指導は当然厳しくすべきだが、良いところはしっかり評価し潜在能力を引き出すようにする。注意叱責ばかりだと、誰でも自信喪失しやる気もなくなるので、時にはオーバーなくらい褒め自信を持たせる。根は真面目な人が多く、こつこつと地道に努力するので、少しでも変化したり、点数が上がれば、まだまだだよと突き放さず前回より伸びたことを賞賛し、より上を目指させる。人の後から行動することが多いので、時には指名して前へ出させ行動を促したり、大きな声を出す訓練や論争する場合は、大きな声を常に要求し、小さければやり直し、内面からやる気や自信が湧き上がるようにする。合宿後半になれば、追い込まれ積極的にならざるを得ないので、当初見られた消極的な行動が積極的になり、思いもよらぬ力を発揮するようになり、殻を破るのである。弱々しく目立たない人が、大きく変化する楽しみなタイプである。

研修にやる気が見られない訓練生

参加者の多くは、会社の命令で嫌々参加しやる気があまり見られない。中には全くやる気が感じられない人もいる。そのような人には、入所時の雰囲気をよりピリピリと緊張感を出すことで、生半可な気持ちで取り組んだのではやっていけないようにする。ほとんどは、本気でやらないと卒業もできなくなるなと不安がよぎり、必死にやろうと入所式で変わってくる。しかし、逆にこんな研修やってられないとふてくされたり、斜に構えて心を開かない訓練生もいる。したがって、声がけを常に行い、注意深く様子を観察しながら対応していく。魂の抜け殻みたいにただ受けているだけの訓練生には、休憩時間に時間を取り個人面談し、じっくりやる気のない原因を聞き出し、助言を与えたり、訓練の意義や目的をかみ砕いて伝え動機付けを行う。

そのため、講師のカウンセリングの力が必要だが、熱意溢れ訓練生のことを本気で考え話をすることにより、前向きな考えに変わっていく。それでも、ほとんど変わらない場合は、訓練を積み重ね徐々に変えていくしかない。

最も彼らのやる気を引き出すのは、他の訓練生の取り組む姿勢である。仕方なく受けている訓練生も、必死に自分を変えようと訓練に真摯に取り組んでいたり、審査に本気で挑戦していたりする姿を見て、感化され考えが変わってくるのである。

能力が低く自信が無い訓練生

多くの訓練生は、一生懸命に取り組むのだが、講師の言っていることが理解できない・訓練させても思うようにできない・審査しても点数が低く向上もしない。したがって、訓練が進むにつれ、表情が暗くなり、自信の無さから消極的になり、やる気も低下してくる。それに対して、厳しく突き放したりすると、よりやる気が無くなって、脱走してしまう者も出てくる。そうならないように、休憩時間やすれ違ったとき、練習方法を教えたり、やればできると励ましたり、絶えず声がけし、進歩したときは思い切り褒めてやるのである。不思議なもので、できそうにないと思っていることも、しだいに進歩し、時間がかかるものの合格もしてくる。苦労に苦労を重ねているだけに、合格したときの喜びはひとしおで大粒の涙も流す。何をするにも遅れをとる訓練生ほど、卒業時は大きく変化して、感動を味わって帰っていくのである。

反発が多く素直さに欠ける訓練生

最初から合宿訓練に参加するのが嫌で、何かと理由を付け先送りしている。中には参加するなら会社を辞めると言いだし、派遣する際も手を焼いている企業もある実際、退職する人もいるし、参加予定の頃仮病を使い休んで、見送りとなるケースもある。何とか合宿に参加したとしても、入所時にやる気の無さや反抗的な態度が見られ、講師も最初から手こずってしまう。スタートしたら、厳しく全体を考えながら進めていくのだが、合宿初日の基本動作訓練では、声が小さかったり、動きが遅いと講師が矢継ぎ早に、遅い！　声が小さい！　やる気がない！と檄を飛ばす。それでも目に余り反抗的な態度を取ると、やる気がないなら帰れ！　と感情あらわに言う。すると、それでは帰りますとさっさと帰ってしまう訓練生が稀ではあるがいるのである。それだけに、講師はいち早く訓練生を見抜きただ厳しい言葉を投げかけるだけではなく、うまくいったら、すばらしい！　やればできるじゃないか！　凄いなあ進歩したぞ！　と励ましたりやる気が出てくるような言葉を投げかけるようにしている。反発し素直さに欠ける人は、自己中心的で何かと不満が多く批判しながら取り組むので、訓練に取り組む様子や反応を見ながら、厳しく且つ温かく彼らを本気で育成するんだという覚悟を強く持って、気を遣いながら指導しなければいけない。非常に心身ともに疲れるタイプだが、変身し成長したときは講師冥利に尽き、達成感を味わえる。

真面目で一生懸命だが一向に成績も変わらないし、行動の変化も見られない訓練生

このタイプが一番教育効果を上げるのが難しいし、骨が折れるのである。手の焼ける訓練生

が多いとついそちらに目を取られ、力を注いでしまいがちで、放っといてしまう。

なぜなら、放っといても黙々と訓練に取り組みやるべきことは自らやってくれるからである。講師も、そのうち合格するだろう、成長してくれるだろうと甘く考えてしまう。それが盲点で、このタイプの訓練生は見せかけで、真剣さに欠けてもちゃんとやっていれば、講師は何も文句を言わないだろう、また点数も上がってくるだろうと受け身的で、変化がないのである。

むしろ、このような一見真面目なタイプの訓練生ほど能力・考え方・問題点・性格をよく見て把握し、それぞれにあった指導を適切にしなければいけないのである。見た目が真面目で一生懸命だけでは駄目で、中身はそれぞれ違うことが多いのである。したがって、講師は担当する訓練生と常にコミュニケーションをこまめに取ったり、訓練態度や普段の行動をつぶさに鋭く観察しておかねばならない。指導している間は、一切隙を見せたり気を許したり、楽をしたりはできない。

講師はプロに徹し、担当している訓練生全員の心を摑みながら、全員成長するため格闘していかなければいけないのである。特に、可もない不可もない真面目な訓練生ほど難しいので、講師の指導力の見せ所となる。訓練生の心に肉迫する熱い情熱が最も必要である。

出張しての合宿訓練

講師が各地に出張して現地で合宿訓練を実施する。北は北海道、南は九州まで広い範囲で行う。当社主催の合宿訓練は、こちらの用意したスケジュールに沿って業種・企業規模・年齢・性別に関係なく指導していく。出張研修は、各企業風土に合わせ、研修ニーズを把握してそれに合ったスケジュールを立て指導にあたる。地域によって訓練生の気質や会社の社風が違うので、講師の柔軟な指導力が必要で、実力がないと効果的な研修にならないので出張研修は難しいのである。これまで数多くの出張研修を担当したが、印象に残る研修を紹介したい。

北海道編

［1］

五月の連休を利用して、旭川の自動車整備工場の全社員の研修を担当したことがある。向上心のある社員だったので、指導しても反応が良く講師にとってはやりやすい企業であった。ある朝、野外でジョギングしようとすると、何と雪が降ってきたのである。寒冷地である旭川とはいえ、五月のゴールデンウィーク時期に雪が降るとは驚きで、滑って転倒しないよう足下に気をつけながらも、歓声を上げながら楽しく走る訓練生もいたので非常に鮮明に思い出される。

合宿が終了した後、社長と旭川の繁華街で会食し、社員教育の難しさや重要性について語り合ったこともとても勉強になった出張研修であった。

［2］

北海道で合宿訓練を行った時のことである。製造及び販売会社の全社員を、何班にも分け担当した。比較的忙しくない時期に集中して実施したので、ほぼ毎日担当し体力的にかなり厳しかった。二カ月で、約二〇〇名を担当したのである。第一クールは二泊三日の訓練を三週間、第二クールは二週間、第三クールも二週間実施した。かなりスケジュールが厳しかったが、先方の要望は講師は一人、私も五〇代だったが自分の気力体力へのチャレンジだと思い心配な点はあったが担当したのである。

三週間の長期だったが無我夢中で、気力体力知力をフルに使い、何とか第一クールをやり遂げた。しかし、先方の教育担当者が、合宿の指導の様子を見ており、さすがにこれまでの研修とは違い想定外の体力や指導エネルギーを使い果たすので、一人の講師では厳し過ぎるのではと依頼企業の社長に進言してくれ、第二クールからは助手をつけ二人で行うことができた。一番しんどかったのは第一クールだったのだが……。訓練場所は札幌から一時間離れた高級住宅街の大手新聞会社の保養所だった。とても閑静なところで会場は大きくゆとりもあり環境は抜群に良かったので、長期滞在してても生活しやすく、研修にも集中することができた。訓練を受ける社員は、老若男女幅広く息が抜けなかったが、全員研修には前向き且つ意欲的で、指導する側も気持ちよく担当でき、終わってからも心から感謝の言葉を告げて研修参加者が去って行ったので、達成感及び充実感のある合宿訓練であった。
また、保養所を管理している管理人夫婦も温かく気遣いをしてくれる人だったので、研修に没頭できたのも大きかった。

［3］

厳寒の合宿訓練。北海道の内陸部に美唄という町があるが、冬は雪が多く寒さも厳しいところである。二月の時期の合宿で雪と寒さが予想以上で強烈に印象に残っている。エキサイトウォーキングは何度も転倒しながらもやり続けた。朝礼で猛吹雪で一寸先も見えないときもあった。訓練生もまさか、今日は外でやらないんでしょうと心配して聞いてきたが、もちろん予定通り実施すると伝え決行した。その日の気温は何と氷点下十七度であった。外に出た途端顔も体も凍ってしまうのではないかと思われるほど突き刺さるような寒さだった。ホテルのすぐ脇の庭とはいえ、吹雪だったが構わず朝礼を行い乾布摩擦も上半身裸になって実施した。これまで体感したことのない猛烈な寒さで、より気合いの入ったかけ声といつもより二倍のスピードと強さで肌をこすりやりとげた。乾布摩擦が終わった後は体がとてもぽかぽかと温かくなり、早朝のジョギングもみんな転倒しながらも行った。朝礼が終わり、ホテルの中に入り着替えたとき、タオルでこすったところが何と皮がむけ赤くひりひりとなっていたのである。それだけ寒さのため強くこすっていたのであった。このような経験は生まれて初めてだし、今思えばよくも無謀に野外でやったものだと感心する。その時参加した訓練生も良い思い出になっているだろう。

関東編

東京の都心部では当社のように大きな声を出したり、動きのある訓練ができる研修会場はあまりないので、依頼企業は会場の選定に苦労する。何とか探し回り青梅の山奥にある、ある大手企業の保養施設を研修会場として手配した。前日その会場に泊まり打ち合わせをした際も、そのホテルの支配人から思い切り声を出して構わないと言われ、安心して研修に打ち込んだ。ところが、初日の午後、保養にきた利用者からクレームがあり、支配人から声を出すときは一番奥の会場でやってくれとか、この時間は静かにしてくれとか制約がされてしまった。途中から、かなり指導がしづらい合宿訓練となってしまった。結局それ以降も予定していたのだが、研修会場からもう使用しないで欲しいと断られ、関東での合宿ができなくなり、仙台でいつもやっている会場に定期的に研修生が送り込まれるようになったのである。当社にとっては、時間のロスがなくなり、思い切り指導できるし、教育効果も高いので却って良かったのではあるが……。

関西編

不動産の大手企業の管理職を対象に、全国各地で出張研修を実施した。その中で関西の支店営業所の管理職を姫路の圓教寺で数回担当した。圓教寺と言えば、トムクルーズ主演の『ラストサムライ』のロケが行われたところで有名である。様々な研修会場を利用しているが、ロケが行われた地ということで興味があり、楽しみにしていた出張研修会場であった。行ってみると、かなり広々とした土地でしかも山奥のため寺まで歩いて行くのには勾配がきつく大変であった。ただ、非常に厳粛な雰囲気があり、当社のような過酷な合宿訓練をするにはふさわしいという印象を受けた。研修会場も畳の部屋で、宿泊する部屋も相当に古く意識改革の訓練にはうってつけであった。

野外訓練もまさに修行するにはもってこいの環境であった。生活するには多少不便ではあるが、訓練するにはちょうど良いので、意識改革するには最高の場所で、教育効果も非常に高いものになったと思っている。

九州編

薬品販売会社から依頼された出張研修も印象に残るものとなった。初めに、幹部職と営業所長に対して二泊三日の合宿訓練を熊本の国立阿蘇青少年交流の家で実施した。九月初旬なので東北は涼しくなる頃だが、九州は違った。

連日三十度を超え仙台人にとってはまだまだ真夏であった。しかも、青年の家はエアコンが設置されていないので、暑いのなんのと蒸し風呂みたいな日が続き、スタミナが奪われ肉体は相当消耗しバテ気味だったが、気力だけで研修を乗り切った。幸い研修生は意欲的だったので余計な神経を使わず進めることができた。幹部の合宿を終えてからは、九州の全営業所を巡回し、営業所単位で一日研修を行った。福岡・北九州・佐賀・大分・宮崎・長崎を依頼企業の常務に運転してもらい移動した。研修のためあちこち知らない土地へ行くので観光するわけではないのだが、その気分だけでも味わうことができた。楽しみだったのは、その土地その土地でしか食べられない食事を堪能できることで、遠い地で研修する励みにもなった。同じ販売会社であっても、営業所によって雰囲気や社員の気質がみんな違うので、責任者である所長の指導力が左右するものだとしみじみ感じさせられた。各営業所所長以下全員研修に参加したので、コミュニケーションも取れ研修により一体感ができたことが大きな収穫であった。一年後もフォローとして全営業所の研修を行い、その後もフォロー研修をさせてもらった。

東北編

仙台を拠点としている研修会社なので、東北の各企業からの出張研修依頼は多く最も頻度は多い。印象に残る会社は沢山あるが、いくつか紹介したい。

［1］
青森県大間町のガソリンスタンド経営会社の出張研修である。会場は恐山の近くの旅館で実施した。前日宿泊は、研修会場でもあるその旅館だった。恐山に興味があったので、朝恐山の方向にジョギングしてみた。私に霊感はないのだが、恐山の周辺まで行くと不思議に冷やっとした感覚、霊が沢山集まってくるような感じがしてきたので、何となく怖くなり引き返した。帰ったら、旅館の女中さんから一週間前に若い人がドライブ中事故を起こし亡くなり、その霊が出るみたいだよという話を聞き、ぞっとしたものである。研修は三日間だったが、全力を出し切り全員涙涙の感動的な合宿訓練となった。社長から大変感謝され、沢山お土産までいただき、充実した三日間の出張研修であった。

［2］
会津若松の製造会社で、出張研修を定期的に依頼された。様々なパターンの研修を行ったが、後にも先にも初めての珍しい合宿訓練を実施した。それは、マンツーマンでやるので、研修を受ける人は一人だけ。四人の課長を担当したので、一泊二日の合宿を四回実施したのである。管理職の考え方や行動についての講義をした後、夜、飲食を二人でとりながら面談するのである。置かれている状況や背景、悩み、問題を聞き出しカウンセリングするのである。研修の狙いは、各課長の本音を聞き出し、不満や悩み、要望・本音をうまく聞き出して欲しいというこ

とだった。酒を飲みながら、リラックスさせ自然に彼らの思いを聞きださないといけないので、多少神経は使ったが何とかうまくいったのではないかと思われる。費用対効果を考えると一人に対しての合宿のため一人当たりの金額が高くなるのだが、いろいろな研修ニーズがあるものだと考えさせられた出張研修であった。

［3］

二年連続のバーベキュー研修。秋田の自動車販売会社の依頼で、全社員出張合宿研修を連続三、四回実施した。初日は通常の研修を階層ごとに実施して、夕方はコミュニケーションを取ることを狙いとして、バーベキューをしながら懇談をするのである。研修は専門なので研修については問題はないのだが、酒を飲み肉を食べながらの懇談は慣れないので神経を使った。大変な量の肉を三晩連続で食べるのだから、さすがに大好きな肉料理も飽きるものである。依頼企業も気を遣ってくれ、肉だけではなく魚も出してくれたりして何とか過ごすことができた。

それにしても、真夏に野外で行うため、蚊や虻が凄く、スプレーで虫除けをするもののまとわりつかれ、ふりはらうのも大変だった。

約二〇〇名を何班かに分け実施しても三回もしくは四回になり、二年連続行い講師陣としても多くの学びがある出張研修であった。

［4］

八戸に中古車販売会社で非常に教育に熱心な会社がある。これまでは、その会社だけで、定型の合宿訓練への派遣、八戸での出張研修を継続的に実施したのだが、一社だけではなく青森の企業が成長繁栄して欲しいという思いで、他の会社に呼びかけて合同で出張研修を実施したいとのことだった。当社にとって大変有り難い企画をしてくれた。各企業に呼びかけ参加者を集めることは、大変手間がかかるので、教育への情熱が並外れていなければ実現しない企画である。数回の実施で終わってしまうのかなと懸念していたが、なんと毎年継続しており、階層別になって頻度が多くなり十年以上も続けられている。

日程は一泊二日で参加しやすい日程で企画してくれたものの、継続できているのはその経営者が教育の重要性を深く理解し、行動力があるからであろう。誠に頭が下がる思いである。人集めや会場の手配など全てやってくれるので、講師を派遣するだけで良いのである。当然参加者の中には、研修への参加意識が低い社員も参加するので、指導に苦労することもあるが、当社に協力を惜しまずどんどん企画し実行してくれるので、その思いに応えるためにも全身全霊で教育指導にあたっている。

［5］

一日の出張研修、合宿訓練の出張が多いのだが、泊まらず半日あるいは短時間の研修で実施している会社も最近増えている。宮城県の会社で二十年以上も当社の研修を継続している会社がある。企業規模は小さく従業員は十数名だが毎月実施している。営業・事務・管理者・配送と分けたり全員で行ったりで、繰り返し繰り返し浸透するまで根気よく研修している素晴らしい会社である。研修の効果が現れ、社員の接客マナーや仕事への取り組み方が取引先顧客から高く評価され、地域社会からも評判が良い。業績も安定しており、創業以来一度も赤字になっていない会社でもある。人こそ財産・教育こそ原点の名言がまさにピッタリ当てはまる会社である。十数名ほどの事業規模でこれほど教育の重要性を認識し実行している会社は全国的にも稀であろう。

［6］出張階層別研修（合宿）

仙台の自動車用品販売会社の研修を当社創業以来継続的に担当している。東日本大震災後、東北で初めて上場し、九月には盛大な祝賀会に出席した。県知事をはじめ、各分野から五〇〇名ほどお祝いに訪れ素晴らしい祝賀会であった。この会社はまだ企業規模が小さい頃から教育には熱心で、研修は計画的に実施していた。今では、宮城県だけではなく、岩手・福島・栃木・茨城・長野と店舗を増やし広範囲にわたって経営をしている。したがって、依頼される研修頻度も増えている。新入社員・初級社員・中級社員・上級社員・店長と階層別に二泊三日の合宿訓練を行っている。毎回社長も出席し、講話を担当し、懇親会では社員と気さくにコミュニケーションを取り絆を深め育成にあたっている。そのような社長の社員育成についての強い思いが上場するほどの会社に繁栄させたのだろう。当社に対しても、信頼し任せてもらっているので、熱く厳しい指導を行い鍛えている。最近はさらに人数も増え、やる気が感じられない人・著しく消極的な人も中にはいるので、指導する講師も苦労はするものの、最後は目をきらきら輝かせ合宿を終え店舗に戻っている。階層別に実施しているので、同じ人が当然何度か合宿に参加することになり、繰り返し学ぶことになる。まさに継続は力なりの効果で目に見えて成長している社員もいる。現在の役員も当社の訓練を全員受けており、まさに当社の講師依頼企業の役員と一体となって育成にあたっている。もちろん先方の社長も自ら合宿を受けているのである。合宿訓練の頻度や参加者も多いので、当社の講師達が何度も担当しているが、深い信頼関係もあるためか、全員がより並外れた情熱を込め指導にあたっている。研修をしている企業の繁栄発展が、講師の励みにもなり一層力が入ってくると言える。

第15章　研修会社の選定について

人材育成が企業繁栄の最大の重要課題であろう。企業は人なり。この言い古されている名言が至言と言える。ＯＪＴ（職場内教育）、ＯＦＦＪＴ（職場外教育）、ＳＤ（自己啓発）、この三つが育成のため必要不可欠である。

なかでも、ＯＦＦＪＴの占める割合が年々増えてきているようである。研修会社の当社にとってはありがたいことではある。人材育成を効果的に実施するために各企業にとっては外部の研修会社の選定が大変重要になる。

その為には、自社の社風・人材のレベル・現状の課題・育成の目標を充分考慮し、必要な研修は何か・それを充足できる研修会社はどこが最適なのかを決定しなければいけない。そのため、各研修会社から資料を取り寄せ、検討し、自社にマッチしているかと思う会社に連絡し営業担当に来てもらう。研修ニーズに合致した教育が可能なのか、詳しく担当営業マンから内容を聞くことである。話だけではよく理解できないこともあるし、実際の研修との食い違いもあるので、実際誰か研修に参加すべきである。あるいは、研修の様子を見学に行き、研修の進め方・講師のレベル・研修内容をしっかり把握し判断すべきである。自社にこの研修会社が適切だと考え決断したら、信頼し任せることが大切である。実際利用し、研修内容への不満や研修ニーズの違いを感じたら、積極的にコミュニケーションを取り、要望や改善案をはっきり伝え、より教育効果が上がるように依頼する側も最善の努力をしなければいけない。ただお願いするだけの丸投げや、効果が期待外れと考え安易に中止するのは早計である。どこの研修会社も期待に応えようと必死に研修をやっているはずである。また、一つの研修会社だけではなく、研修ニーズによっては何社か利用し相乗効果を生むようにすると良い。但し、メインの研修会社をしっかりと決め任せることが肝要である。充分に検討し、依頼した以上信頼を寄せ、その研修会社に社員の育成をしてもらう。そうすることによって、研修会社もその期待に応えようと最善を尽くし指導にあたるのである。研修を依頼する企業、研修を担当する研修会社の両者が協力し合い人材育成に真剣に取り組む事が大切である。

第16章　尊敬される講師の条件

人間の意識と行動を変える、また人生観も変えてしまうほどの教育を可能にするには、講師の資質は極めて重要である。資質は、持って生まれたものだけではなく、努力して身に付けることもできる。私は、努力して講師としての資質を身に付けることが極めて重要であると考える。この講師だったら自分をさらけ出しても変えてもらえるという信頼感と人間的魅力がないとだめである。では良い講師とは、どのような人物であろう。私は怖さを感じる人であると考える。怖さとは、高圧的で大きな声で怒鳴ったり、時には暴力も辞さないという人のことではない。一見風貌は優しそうでも、目が鋭く、内面まで見通す力があり、訓練生からすれば、心の奥まで見透かされて、何でも自分のことは分かっているのではないかと感じ、自分の弱点を適確に指摘し、アドバイスできる人のことである。

したがって、講師自身常に自分を磨き勉強し続けなければならない。日本だけではなく、多くの経営者から尊敬されている人物に松下幸之助氏がいる。経済学者であるジョン・P・コッターは、幸之助氏の偉大なところは、亡くなる直前まで勉強し続けていたことであると著書『幸之助論』で書いている。会社を創業した時、共に働いていた義弟の井植歳男氏は幸之助氏のことを、当時はどこにでもいるごく普通の人で、まさか日本有数の企業を育て、あれほどの大経営者になるとは思っていなかったという。つまり、勉強し続けることで大きく成長し、誰からも尊敬されるような人物になったのである。講師もまさにこうあるべきである。そのため、指導者という立場に就いた以上勉強を継続することがまず大事なことである。そのためには、まだまだだという謙虚な気持ちを持ち、素直な気持ちで学び続けなければならない。

相手が年下であろうと部下であろうと人の話はよく聞いて学ぶ・わからないことはそのままにせず調べたり人に聞く・常に本を読み知識や見識を身に付ける・好奇心、向上心を失わないことである。私も、大学を卒業し社員教育研究所に入社したとき、勉強しなければならないと痛切に感じた。そのため、読書する習慣を身に付けようと、部屋に大きなグラフを作成し貼り出した。すると、いやがおうにも刺激され積極的に本を買い、読む時間を捻出し読むことができた。現在は、社員にも沢山本を読んでもらいたいので、同じように読書成績表を事務所に貼り出し、誰が毎月何冊何を読んだか一目瞭然全員がわかるようにしている。それがお互いの刺激剤となり、あまり本を読まない社員も最近月四冊は読むようになってきている。また、講師としては、知識豊富なだけでは頭でっかちとなって人間的魅力に欠けることもあるので、人間性も磨くことである。そのためには、好奇心旺盛に、興味を持ったら積極的に行動することである。一流の人に会う、一流の店に行ってみる、趣味を見つけやってみるなど体験を数多く積むのである。そうすれば人間の幅が広がり、見識も高くなり、人を惹きつける魅力が少しずつ出てくる。最近出張の折、学びたい思いもあって高級ホテルに宿泊することがある。日本を代表する帝国ホテルをはじめ、外資系のリッツカールトン・ペニンシュラホテル等に宿泊するのである。宿泊費が高いだけではなく接客対応が良く、そこまで気遣ってくれるのかと刺激になったり、学ぶべきことが多い。六本木の東京ミッドタウンにあるリッツカールトンに泊まった時である。赤ワインを飲もうとしたのだが、冷蔵庫に置いていなかった。すぐに電話すると丁寧に謝罪し、迅速に部屋に持ってきてくれた。スタッフは、冷蔵庫の隣にあるボックスを開け実は赤ワインは常温で飲まれる方が多いのでこちらに保管してございますと教えてくれた。私がうっかりして確認せず、無いものと思い込んで電話してしまったのだ。それにもかかわらず、恥をかかさず非はホテル側にあるという態度で応対し、さらに冷蔵庫を見たということは冷やした赤ワインが好きなのではないかと積極的に聞いてきた。イエスと答えるとすぐさま冷えた赤ワインを持ってきてくれたのである。その対応は、笑顔・会話の仕方・姿勢態度が自然で常に顧客の視点で行われていた。そのスタッフだけではなく、ホテルで接した全員がそうだったので、サービスのクオリティの高さに驚いた。超高級ホテルの上質なサービスを受け、学ぶだけではなく、自分自身も一流の人間になったのではと錯覚するのも良いものである。そのような体験が多ければ、自然に品格が向上していくのではと感じた。

さて、魅力ある講師になるには、資質を磨く以外に、模範となる行動態度を示すことであろう。人間は言っていることとやってることが違う指導者のことを軽蔑するものである。教えている者が、模範となるような行動がとれなければ、信頼されるわけがない。

硫黄島の戦いで、指揮官だった栗林中将は部下から尊敬信頼され、本土攻撃をできるだけ遅らせるためにも、最後の最後まで兵の士気を低下させずアメリカと戦い抜いた。アメリカ軍が硫黄島の制空権・制海権を持ち、且つ兵力が日本軍の三倍以上あるにもかかわらず、一カ月半も持ちこたえたのは、栗林中将の指揮官としての凄さであろう。実際この活躍に、日本軍は硫黄島決戦の途中、栗林中将を大将に昇格させている。三日程で陥落するであろうと予想していたのに一カ月半もかかってしまったことに対し、栗林中将に尊敬の念を持ったアメリカ国民も少なくない。それは、最前線で栗林中将が兵隊の模範となるような行動をし尊敬され、この人のためだったら命をささげても惜しくないと思わせるリーダーだったからであろう。例えば、硫黄島は非常に暑く水が欲しい状況なので、一日の使用量は水筒の半分だけと割り当てし、栗林中将もそれを守り範を示した。兵隊の気持ちを思いやりながらも、厳しいリーダーシップをとって戦っていった。象徴的なのは、大将自ら敵陣に飛び込んで戦死したのは、日本軍戦史上初めてのことである。常に兵隊の模範を示し、心の底から尊敬信頼される指揮官であったから、最後まで兵の士気を低下させず奇跡的な戦いができたのである。したがって、指導する人間や上に立つ者は、自ら言ったことや守るべきことを見本となるよう実行すべきなのである。

次に、良い講師になるには素直さを失わないことである。人から好感を持たれる・自分自身も成長するには素直さが最も大事なことである。松下幸之助氏は、良い国づくりをするには良い政治家が必要であると考え、政治家を育てる目的で松下政経塾を創設した。政経塾がスタートした時、塾生を前にこのようなスピーチをした。『君たちの中から将来政治家となって活躍する人が出てくるだろう。もしかしたら大臣になる人も出てくるかもしれない。しかし、どんな地位に就いたとしても素直さだけは失わないでほしい。みなさんはこのことは頭の中ではよくわかっていると思うが、これほど難しいものはないんやで。わしは（幸之助自身）毎日朝起きたら仏壇に手を合わせ今日も素直な気持ちで一日過ごすようにと言い聞かせているんや。それを毎日やり続け、三十年たってもわしは素直さの初段やで。だから素直な気持ちを忘れんでほしい』という趣旨の内容だった。人間はどうしても実績を上げたり、高い地位に就いたりすると傲慢になって素直さがなくなる場合がある。講師の仕事をしていると、先生、先生と言われて錯覚し、上から目線でいつも仕事をしてしまう。偉くなったような気分に陥り、素直さに欠ける講師が少なくない。そうすると、相手の心を摑めず一方的な指導となったり、自分の非を認めない傲慢な態度になってしまうことがある。そのような講師には、魅力を感じないし、尊敬もしなくなるのは当然である。講師は素直さを失ってはいけないのである。何年講師を経験しても何歳になろうとも、明るく活き活きと光り輝く人にならなければいけない。そのため、健康管理に留意し、常に元気な姿で指導に当たるべきである。健康の条件は、食事・睡眠・運動・精神面である。食事は仕事柄不定期になりがちであるし、つい好きなものを食べ偏食してしまうので、栄養のバランスに欠け健康を害することがある。そうならないよう、規則正しく時間を決め食事をとることと、嫌いな食べ物でも摂取してバランス良い食事を強い意志を持ってとるしかない。睡眠については、熟睡して疲労を取ることである。睡眠学者のクリプキの調査によると、六時間半から七時間半の睡眠が最も生存率が高いとの結果。フロリダ大学のウェップ教授の実験によると、三時間睡眠を八日間続けると、仕事のミスが続出し、最低でも四時間半の睡眠が必要とのこと。睡眠が少なくてもいい人でも、六時間、しかも質の良い睡眠がとれないとダメといえる。しっかり睡眠をとることが健康な体の維持と良い仕事ができる条件である。運動に関しては、少ない時間でも毎日継続することである。年齢が高くなるにつれ、体を動かすことが億劫になって、運動不足のため体力の低下及び成人病にかかりやすい体となる。防止するには、早朝か夕方にウォーキングかジョギングすると良い。三日坊主にならないよう、教育者としての使命感を強く持ち、自分のためより研修生のためだと言い聞かせ運動を継続すべきである。私は、三十六歳に会社を創業した際、経営者として責任を果たせるよう健康第一と考えジョギングを始めた。挫折しそうな時もあったが、何とか継続することができ今では習慣となり、走らないと何かやり残したようで落ち着かないし気持ちが悪いくらいである。走り続けた効果としては、身体が驚くほど丈夫となって健康そのものである。それまでは、疲れると熱が出て体まざるを得なかったり、気力が落ちモチベーションが湧き起こらない時もあった。今は、疲れにくいし、健康を維持できるし、仕事も元気はつらつとやれるので、運動する効果をしみじみと感じている。健康体は、体だけではなく精神面も極めて大切である。講師の仕事は、多くの人を相手にするので、常に緊張するし、集中力も必要なので、ストレスがたまってくる。そのストレスを時には発散させ、明るく活き活きとした精神状態を保つことが肝要であろう。それには、余暇の良い過ごし方がポイントである。リフレッシュできるような趣味を持つか好きなことをやると良い。例えば家族で食事をする、ドライブに行く、読書する、音楽を聴く、映画を見る、温泉に行く、ゴルフをする、友人と話をする、カラオケをする等自分に合ったものを見つけ思い切り楽しんでほしい。私は、スポーツを見たりやったりする、家族と旅行する、読書、音楽鑑賞、カラオケと楽しめるものが多い。特に、カラオケは、短時間で楽しめ気持ちがすっきりするのでストレス発散には最高である。今は、カラオケボックスがあるので、時間が空いた時一人で三十分か一時間思い切り歌いまくると心身ともにリフレッシュし、モチベーションも高まる。また、多いのはリフレッシュするため飲食することであろう。美味しいものを食べ、美味しいお酒を飲むことは生きていてよかったなあと思える瞬間でもある。したがって、つい時間を忘れ長時間且つ適量を超え飲みすぎてしまうことがある。深夜まで飲み過ぎれば、二日酔いや寝不足となって、良い仕事はできなくなる。また、休肝日を設けず飲み続ければ体を壊す元凶にもなるので、充分気をつけなければならない。ここ数年知人の講師で、酒が好きで飲みすぎた結果、糖尿病・肝臓がんで亡くなってしまった人が数人いる。過ぎたるは及ばざるが如しで、百薬の長になるよう適量にすべきである。

第17章　我が社の人材教育

創業時は私が当然中心となって指導にあたり、参加者が多い時には訓練助手を一人もしくは二人つけていた。三年四年と経過するにしたがい、合宿の参加者、出張研修の依頼が増え、社員を採用し育成しなければならなくなってきた。依頼された研修で期待に応えるよう教育することが会社の信頼につながるので、即戦力の人材がどうしても必要と考え、四十代五十代で講師の経験がある人を採用し、研修現場で力を発揮してもらった。入社した社員のモチベーションアップ・会社の教育理念に忠実にしたがって指導すること・よりレベルアップさせることに留意し規模の拡大を図った。しかし、思いのほか苦戦し、自社で人材育成することが困難を極めた。長年身に付いたこれまでの指導方法・行動作法の悪しき習慣が改善できず、脱落したり、ある程度克服でき戦力になってきたと思ったら、退職し独立してしまう等社員の入れ替えが十数年続いて、人の問題では悩み続けた。

自分の年齢が若くまだまだ体力気力も十分あったため、自分が頑張れば良いやという思いが根本的にあり、社員の入れ替えの繰り返しだけで会社としての成長はなかった。五十歳を過ぎてから、体力の衰えを徐々に感じ始め、会社も将来のことを真剣に考えるようになったのである。それを機に自社の社員育成を本気になってやらなければと決意した。そのため、即戦力より、新卒で全く白紙の状態の人材を採用し時間をかけてでもじっくりと、生え抜きの社員を育てるべきと考えた。時間と労力はかかるが、長い年月をかけじっくり育てた方が愛社精神を持ってくれるだろうし、素直に教えたことを吸収し、自分のものにして確実に成長するだろうと期待したのである。予想通り戦力になるまで時間がかかり、言っていることがすぐ理解できなかったり、やって欲しいことがなかなかできず、成長が遅いと歯がゆく感じることがしばしばだった。とにかく若い社員が伸びることを信じて、根気よくわかるまで身に付くまで何度も言って聞かせたり、やってみせやらせてみせ、時には厳しく注意を与えたりして、指導を続けるしかなかった。中途採用の社員と違うところは、会社の方針と自分の考え方が違うと思い会社を辞めたり反発するところがなく、素直に覚えよう・身に付けようと一生懸命やってくれることである。したがって、歩みは遅いものの着実に成長し、大きな戦力になりつつある。第二第三の新卒組も先輩を見て、愚直に仕事に取り組み、少しずつ育ってきている。会社の平均年齢はぐっと若くなり、会社の業績はともかく、活力に満ち溢れ、伸びようとする勢いを感じる今日この頃である。今の若手社員が育ち、この中から後継者が出てくるのを期待している。まだまだ目の前の仕事をこなしていくだけで、経営者意識を持っている社員はいないので、その意識を持ってもらおうと対策を講じている。半年に一回、ビジネス教育訓練所の次の経営者に誰がふさわしいかと無記名で投票させるのである。私が七十歳になるまでにバトンタッチしたいので、社員からみて誰が社長になったらついていきたいのか評価してもらう。現時点では、私からみても期待している人材が上位にランクされている。この投票の狙いは、努力して力をつければ社長になれるんだという目標と、経営者意識を持って仕事をしてもらいたいからである。次第に経営者意識が高まり、自立性が出てきたようである。最近では、社員が自発的に早朝会議を開いたり、定期的に勉強会を開催し前向き且つ積極的な姿勢で仕事に臨むようになってきている。

当社は研修会社であるため、最も大事な仕事は講師として多くの人を教育指導することである。しかし、講師の仕事だけではプライドだけ高くなり人間力において成長が止まる懸念があるので、研修の仕事が無い日は営業活動をさせている。電話でアポを取って企業訪問したり、飛び込み営業でクライアントを発掘するのである。

営業の訪問活動をしていると、応対が悪ければお客様から怒られたり、教えられたりすることが多く、人間的成長の糧となる。つい最近も、営業に行った者が、面談した社長から、話し方・姿勢態度・所作が研修会社なのにできていないとこっぴどく怒られ落ち込んで帰って来た。まさに、お客様がきめ細かく指導してくださる。

営業の実績が上がるということは、お客様から信頼されているということであり、人間的魅力もあるということである。

それらが講師としての成長につながってくるのである。したがって、営業においては高い業績を上げることと、講師としては指名が多くなり、信用が出てくること。この両方がバランス良くできる人材が我が社で求める社員である。まだそこまで至っている社員はいないが、それに向かって懸命に努力をしてくれているし、芽が出始めているのは確かである。

とても嬉しい出来事があった。ある著名な講師の講演会があったので、若手社員全員勉強になるから参加するよう指示したのである。ただし、一人一回は講演後積極的に質問するようにノルマを課した。翌日その講演会の講師から私宛に電話があった。電話の主旨はこうだった。「おたくの社員が講演後質問してくれたが、今時の若者にしては珍しく非常に礼儀正しく且つハキハキしており驚いた。社員にどんな指導をしているのか訪問して是非とも話を伺いたい」という内容だった。そして、わざわざその講演した講師が我が社に来て下さり、じっくり面談することとなった。そのおかげでその講師が所属していた大企業の研修も担当できるようになった。社員達も少しずつ成長しているのかなあと実感した出来事であった。

第18章　本を読むこと

常に学び続ける人は成長するし、人としての魅力も出てくる。したがって、研修において、読書することを強く勧めるし、研修生も本を読んでいないため知識不足を痛感し、研修終了時に作成する目標にはほとんど読書することを掲げている。合宿訓練終了後、派遣した企業からフォロー研修を依頼されることが多い。フォロー研修は、研修参加時の熱い感動を蘇らせ、学んだことを復習、そして次のステップに進めるような内容で実施する。

フォロー研修では、終了時に作成した目標を必ずチェックし、実行できていないものはアドバイスをする。ほぼ九割実行されていない目標が、読書である。合宿中勉強していなかった自分に対し深く反省し、これからは毎月読書すると強い決意を持ち、目標にしたにもかかわらず読んでいない人が多いのが実態である。いかに意志の弱い人間が多いのかがよく分かる。当社でも同様で、なかなか本を読まない社員がいる。大学まで勉強していたにもかかわらず知識が欠如していて、読み書きが苦手な社員ほど不思議に本を読まないものである。読むように言い続け、朝礼では読んだ本の内容をスピーチさせるようにしても、それでも一向に読書数が増えないのである。したがって、読書成績表を作り、毎月全社員がどんな本を何冊読んだか一目瞭然わかるようにしている。私自身、社員教育研究所に入社した頃、読書して学び続ける重要性を認識し、強く意識して読書しようと心がけた。

しかし、どうしても忙しさや疲労につい負けてしまい、あまり読まない自分の甘さに愕然とした。そんな甘い自分を克服するため、模造紙に読書成績表を作り自分の部屋に貼り出し、自分に刺激を与えた。それが功を奏し、読書量が増え、本を読む習慣が身に付いたのである。その経験を思い出し、社員達にも何とか良き習慣を身に付けるよう、全社員の読書成績表を思いつき実行している。徐々に、読む意識が出てきたのか、読書量が増えてきているようである。読ませるだけではなく、毎朝の朝礼では三分間スピーチとして本の感想を発表してもらう。また文章力が弱い社員には、スピーチだけではなく、感想文も提出させるようにしている。感想文を書くのに時間がかかってしまうので、読書数が少し落ちてきている。感想を書くことにより、理解を深めることと、文書力も向上させたいと考えている。それにしても、意思の弱い人間は多いものである。仕事や生活の体験から気づき学ぶこと・人から直接聞いて学ぶことが非常に身になることである。しかし、どうしても自分が体験するだけでは時間が足りないし、視野も狭くなりがちである。

だからこそ、本を読むことによって、一人の一生の経験から得るだけではなく、多くの人から学びを得ることができるのである。

それが、読書の最大の魅力であり、価値であろう。それを深く認識し、向上心を旺盛に持ち続け、寸暇を惜しんで読書するしかないであろう。

第19章　コミュニケーションの重要性

研修の現場においても職場で仕事をするうえでも、コミュニケーションを密に取ることは極めて重要と考えている。特に合宿訓練では、訓練生の心を摑むため、コミュニケーションを積極的に取るように講師達にも絶えず指導している。訓練の場面では、心を鬼にして厳しく鍛えていくため、訓練生の中には過剰に緊張してしまったり、萎縮してしまう者もいる。

適度な緊張を保ちながら、訓練に取り組むことは望ましいが、過度の緊張はマイナスである。したがって、休憩時間や食事時間は気さくに訓練生に話しかけ、緊張を和らげ訓練生の考え方や性格をできるだけ把握するようにしている。しかしながら、経験不足の講師や実力のついていない講師は、それができずに無言でいることが多い。なぜ訓練生に話しかけないのか聞いてみると、みんなと馴れ合いになってしまい研修の場面で厳しく指導できなくなってしまう気がするからと返答してくる。確かにそういう気持ちも分かるが、休み時間は人間らしさを出し、明るく親しみやすく振る舞い、研修においては、心を鬼にして妥協のない厳しい指導をしていくのがプロなのだと言い聞かせている。徐々に意識してコミュニケーションを取れるようになってきているが、まだまだ講師らしい話し方ではなく、同年代の友達のようなコミュニケーションの取り方をしてしまう講師がいるので、その度に注意をしている。それでも訓練生からは、研修では鬼のように厳しいけれど、休憩では非常に気さくでホッとするという声が聞かれるので、努力はしているようである。いずれにしても、訓練生と積極的にコミュニケーションを取ったり、行動や顔の表情を絶えず観察し、訓練生の心をしっかりと摑み、研修では厚い殻を破り大きく成長するよう厳しく指導していくのが大切なことである。

職場においても、コミュニケーションを密に取るよう心がけている。ビジネス教育訓練所の仕事は、研修でも営業でもプレッシャーが強く厳しい仕事を日々強いられる。仕事をする中で、気持ちが落ち込むことや自信喪失及びモチベーションが低下してくる社員も当然出てくる。絶えず態度・行動・顔の表情を観察したり、コミュニケーションを取って現状を把握し、動機付けしたり、アドバイスしたりしなければならない。

また、ミーティングや会議を定期的に実施したり、飲み会等インフォーマルコミュニケーションの場もできるだけ多く作っている。特に若い社員が多いので、インフォーマルコミュニケーションは他社より頻度が多く、絆を深める効果があるのではないかと思っている。

具体的には、年一回は社員旅行・春は花見・サクランボ狩り・秋は芋煮会・講師全員年に数回マラソン大会に出場・毎月末は納会と称し打ち上げ会を実施している。経費は全て会社が負担し、思い切り楽しんでもらい、コミュニケーションも十二分に取らせるようにしている。社員旅行は、業績の良い年や何かの記念行事があれば海外旅行に行くことにしている。経費はかかるが、社員の見聞が広がったり、会社への帰属意識も高まったり、モチベーションが高揚すれば安いものである。創業二十五周年の年には全員でベトナムに行き、大いに楽しみ連帯感も一層深まったようである。

毎月の納会は、会社の広間で女性役員の手料理の食事をすることもある。毎月の目標に対し、達成したときは近くの居酒屋・レストランで行い、未達の場合は会社で打ち上げ会を実施する。月締め会議では、それぞれの反省と翌月の抱負を述べ、その後、食事会に移り、落ち込んでいる者には叱咤激励、慢心している者には喝を入れ、悩んでいる者にはいろいろ聞き出し助言し、コミュニケーションを深めるようにしている。飲食する場面では和気あいあいとみんなで過ごすのである。二次会では、カラオケが思い切り歌える店に移動し、声を張り上げ歌いストレスを発散させ翌月のエネルギーを充電させるのである。

社員の誕生日には、朝礼の場でプレゼントを渡し、全員で拍手し祝福するようにしている。一年に一回のことで誰しも自分の誕生日は覚えているものである。その日を会社で祝ってあげれば嬉しいだろうし、仕事にも意欲的に取り組んでくれると考えている。

研修の仕事は、参加者に厳しい指導をするので、常にプレッシャーがありストレスが溜まりやすいので、コミュニケーションを密に取り、前向き且つ意欲的に取り組めるよう環境を整えるべく、常に配慮しているのである。社員の表情や態度に異変を感じればすぐ面談し、場合によっては時間をかけじっくりカウンセリングも行う。意外な人間が鬱病寸前になっていることもある。いずれにしても、職場内のコミュニケーションの重要性を痛感している。

第20章　後継者育成

どこの企業も後継者育成には頭を痛め、企業存続のため真剣に取り組んでいる最も重要な経営課題であろう。当社も現在一番力を入れているのは後継者育成である。人間得手不得手が必ずある。社員としては営業力がある・事務能力が高い・講師力がある・周りへの気配りができる等々それぞれ素晴らしい力があるけれど、経営者としてはまだまだ足りないところがあり後継者としては任せることはできない。経営者にはいろいろ資質が必要だが、当社の経営者としては、①先を見通し方向性を明確に示せること、②社員をまとめ彼らを引っぱっていくリーダーシップ、③コミュニケーション能力があり、心を掴み動機付けできること、④営業や講師のレベルが高く率先垂範できること、⑤計数管理ができること、⑥狭い視野ではなく、大所高所から考え判断・決断できること、⑦人間力があり信頼されること、⑧どんな場合も達成する強い意志を持ち最後まで諦めないことがどうしても必要な条件である。もちろん全て満たすのは難しいことなので、現時点では未熟な点は多いけれど、トップの地位に就いてからそれを克服していく可能性があればすぐにでも後継したいと考えている。それにはまだ足りない人が多く、指導を継続している昨今である。

私から独断で指名するのではなく、従業員同士での評価では、誰がふさわしいと考えているのかを参考にしたいので、一昨年から定期的に無記名で投票させている。半年に一回行い社員同士で信頼している人は誰なのかがわかるのである。何とか七十歳までに、後継者が育ち引き継ぎをしたいと願っている。

当社だけではなく、後継者育成で悩んでいる企業も多いのが実状である。事実、最近は後継者育成研修の依頼が増えており、指導に当たっている。毎月一回、一日研修を行い、一年間継続して経営者としての考え方・社員の動かし方・思考力行動力の鍛錬・コミュニケーション能力の向上・マナーを含め人間力を磨くことを主眼とした研修である。各企業の模範となるよう、当社が良い後継者を育て引き継ぐことが私の最大の課題でもある。

第21章　東日本大震災の教訓

二〇一一年三月十一日午後二時四十六分、突如大激震が走った。これまでに経験したことのない大きな揺れで恐怖を感じた。大型テレビは吹っ飛んでくる、茶箪笥からはコップ・皿・茶碗・ウイスキーやワインのボトルが矢のように飛んできて床はあっという間にがれきの山である。揺れが収まったかと思いきやまた凄い揺れが続き、立つこともできず、うずくまっていることしかできなかった。尋常とは思えない揺れなので、地球が爆発でもするのかとも思うほどであった。前日まで、遠方で合宿訓練を担当し、夜遅く仙台に帰ってきたので、その日は自宅で研修の総評作成をしていた時だった。

自宅はマンションの八階ということもあり、ことさら激しい揺れを感じたのである。長い長い揺れがやっと終わり余震もあるだろうと思い、マンションに居るのは危険だし、会社もどうなっているか心配なので直ちに近くにある会社に移動した。行ってみると建物は予想外にほとんど被害はなく、マンションのような落下物は少なかった。しかし、気が動転している社員や泣き出した女性社員もおり、落ち着かせることが先決だった。壊れた物は少なかったものの、揺れ方は半端ではなかったことがうかがい知れた。大地震により電気・電話・水道が使えず、仕事は全くできなかった。

まずは地震で散乱した書類や壊れた物の整理・清掃、今後の打ち合わせ等を行った。固定電話だけではなく携帯電話も繋がらず、停電でテレビも見られず状況が把握できなかったが、トランジスタラジオなどから情報を徐々に入手することができ、大地震の被害が想像をはるかに超えていることが分かってきた。陸海空全ての交通機関がストップし、電気・水道・ガスのライフラインがいつ復旧するかは不明。沿岸地域は大津波で壊滅的な被害で、死者も数万人になるのではないかとの報道もされていた。電車で通勤している社員は帰れない、またライフラインが使えないのでアパートに帰っても生活できないという社員もいたので数名が会社に寝泊まりすることとなった。幸い会社には宿泊できる部屋があり、月に何回か飲食するので、飲み物・食材がストックされている。それも、かなりの量を買い出ししたばかりだったので、酒も食材もゆうに一週間分はあったのである。

したがって、緊急時の合宿生活が始まった。終戦直後の経験は無いのだが、まさにそのような状況のようだった。仕事より当面は生き抜くための行動をそれぞれ役割を決めて過ごしたのである。大変な事態だったので、甘えやわがままな気持ちは無く全員それぞれやるべきことをやって、社員同士の絆がより深まっていった。給水車がきたら水をもらいに行く者、食材の買い出しに行く者、ガソリンスタンドに給油に行く者、それぞれの役割をこなした。通常時のように、すぐに用は足せないのである。どこもかしこも行列を作り何時間も待たなければならない。例えば、ガソリンスタンドはどこも営業できない状態だったので、給油できるスタンドの情報を得てからその店に行くのだが、すでにすごい数の車が並び、渋滞している。しかも数時間待ったあげく、今日は給油できませんとスタンドの従業員に断られ無駄足になることもある。仮に給油できても十リットルだけと限定されるのである。いつもは流行っていない食料品店さえもこの時だけは長蛇の列となって何時間も待たなければならない。当たり前のことがいかに大切でありがたいことなのか身を以て教えられた。大地震から一週間経過してやっと電話が使えるようになった。研修の仕事は当面できないので、せめて先を見据え営業活動はしようと電話営業を全員ですることにした。

東北の企業は地震の影響でそれどころではないだろうから、北海道や新潟・関西など遠方に当社の研修を薦めようと考え実施した。モチベーションを高めるためにも、電話営業コンテストというイベントを行い、どこにも動けなかったためこれまで時々やっていた一日の単発ではなく、長期にわたってやってみた。仕事の見通しがたたず落ち込んでいた社員達も活力を取り戻し、懸命になって電話営業に取り組み、その時に決定したいくつかの企業がいまだに研修に派遣してくれているので大変感謝している。どのような困難な状況でもできることはあるし、前向きにやれば成果が上がることを教えたかった。大地震から一カ月は、移動することができないので研修は全くできず売り上げがゼロで会社の経営が厳しかった。

しかし「災い転じて福となす」という諺があるが、この災害で社員の連帯意識が高まったり、危機に際しても動じず立ち向かう強い意識も出てきたし、明日の糧となる貴重な経験となった。

沿岸地域や福島の原発がある地域のように大地震で完膚なきまで叩かれることがなかったのが救いで、これを機により良い会社をみんなで力を合わせ作っていこうという思いができたのは確かである。さらに、同等以上の大災害がきてもどうするかの対応や危機管理の体制ができるようになったともいえる。

第22章　経営と教育

人材を育成する為、妥協しない魂を込めた教育が必要である。森信三氏が「教育とは、流れる川の水に字を書くようなはかない仕事である。それでいて、巖壁にノミで刻み込む真剣さで取り組まなければいけない」と語っていたが、まさにそのような思いで四十有余年立ちむかってきた。したがって、採算を考えず打ち込んだこともあった。例えば、合宿訓練で意識が変わらない人には三日間も一人だけ残し指導したこともあったし、出張研修では夕方五時終了予定を翌日の朝九時まで延々とやったこともあった。教育効果を優先し、派遣責任者及び研修を受けた方には非常に感謝をされた。しかし、完全に経費の方が上回り、経営を考えるとマイナスではある。教育を生業としている企業としては、教育と経営のバランスにいつも難しさを感じる。あちらを立てればこちらが立たず、こちらを立てればあちらが立たないという、まさにトレードオフの関係である。教育に集中し過ぎ、経営を度外視しては、会社を維持することができないし、商売的発想を強く持ち、利益を上げることを重視しすぎると、教育効果も低下することは間違いないし、顧客からも信頼されない。したがって、これまでは経営を健全にするのはもちろんだが、どちらかというと採算に目をつむり、教育重視で取り組んできた。これからも、教育と経営の両立を考えながら取り組んでいかなければいけないが、微妙な場合、判断に難しい場合もある。あくまでも教育会社なのだから、教育指導優先で全力を注ぎ込み、経営も健全に維持していきたいと強く考えている。

第23章　講師が営業するということ

新卒で前職の社員教育研究所に入社したときは、営業するとは夢にも思わなかった。性格が内向的で非常に人見知りだったので、見知らぬ人と会いセールスするのは嫌で嫌で仕方なかった。したがって、入社してまもなく退職も考えた。しかし、すぐ辞めるとは男らしくないので、心の中で一年間だけ一生懸命仕事をやってから辞めようと決め仕事にとりかかった。そうすると、不思議に気持ちが楽になり思い切り打ち込むことができた。

大学を卒業したばかりなので、当然営業力も営業知識もない。そのため、犬も歩けば棒に当たる・下手な鉄砲数打ちゃ当たる式で積極的に会社訪問をした。すると、契約が少しずつ取れてきた。数字が上がってくるとやる気も自信も出てくるのである。訪問恐怖症にかかるくらいだった飛び込み訪問も、怖くなくなってきた。というより成約できるようになると現金なもので営業の仕事が楽しくなってきたのである。何よりも会う人たちがほとんど経営者や管理職の方々なので何かと教えられることが多く、自分の成長に非常に役に立った。成績が上がれば、会社から評価され最年少の拠点長になってしまった。会社を辞める考えもいつしかなくなった。入社して五年目に、地獄の特訓十三日間合宿訓練の初代講師に任命されたのである。静岡で講師になっても営業活動は社長にお願いしてやらせてもらった。講師だけの仕事をしている人を見ると、プライドだけ高く傲慢になっている人がいる。したがって営業もやると顧客の要望や気持ちを常に考えるので独立した際大きな武器となった。そのため、当社の社員には講師だけさせて専門バカにならないためにも、研修の無い時間は、営業の仕事を積極的にやらせている。

しかし、どちらも成功するには切り替えが必要である。研修では講師として指導に徹する。営業においてはセールス活動に徹することである。これがなかなかうまくできないものである。講師をやる際には、営業をやるときのイメージでお客様と応対するかのように、訓練生に対し敬語を使ったり、営業の場面では、講師のような感覚で研修生に接するような態度や上から目線で話をしたりすることがある。どちらの仕事も経験不足で成長過程の段階では、切り替えることが難しいものである。そのような対応を見たときには注意・指導をするものの一人前になるまでには、かなりの経験と時間がかかるようである。社員教育の仕事柄多くの講師に会っている。講師の中で一切営業活動はしないよと言い切る人がいる。研修の成果が評価されて依頼が増えている講師なら良いが、実力が無く仕事もままならぬ講師はいかがなものかと思う。未熟な講師に限ってプライドだけは高い傾向がある。一流の講師は、謙虚で営業センスも持っているのである。講師の仕事だけをすると仕事柄自然についつい傲慢になってしまう懸念がある。実際鼻持ちならない講師もいるのである。

利用企業があってこそ仕事が成り立っているのである。それを考えると、忙しい中にも時間をできるだけとって、顧客を訪問し営業というよりせめて指導した後のフィードバックはすべきである。顧客との面談から謙虚さが保たれ、企業の課題やニーズをより深く摑め、期待に応えられる指導ができると考える。

当社の講師は、二十代三十代とまだ若く経験不足なので、営業もさせ人間力を磨くことを徹底して実施している。

第24章　講師のあるべき姿勢

教育指導する立場の人間は、研修を受ける人間だけではなく周囲からも厳しい目で見られるものである。仕事においては良い教育をするよう全力を尽くせばいいと考えるわけにはいかない。研修会社に勤めている社員も同様で利用企業は教育会社なのに、なんでこんなミスをするのかと厳しく指摘されることがある。研修を利用した企業からこんなクレームがあった。担当している講師を、次回の研修から他の講師に替えて欲しいということである。理由を尋ねると研修を受けた研修生がA講師は言動や態度に問題があり研修を受けたくないと不満を持ったとのことである。そのような気持ちにさせてしまい、とても申し訳ないと思い、講師の育成は非常に難しいものだと思い知らされた。その社員に毎年担当している会社から外し、講師を替えなければいけない旨を伝えると、ショックで食事も喉を通らなくなるほど落ち込み、完全に自信を喪失した。自信を取り戻すことと講師交代の原因が何だったかを認識させ、それを改善させる指導を同時にやらなければいけない。

ピンチをチャンスにというが、まさにこういう失敗例を活かし講師力の向上に努めていかなければならない。講師としての能力や指導力のレベルアップはさることながら、一番大切なことは講師のあるべき姿勢・すなわち人間力だと考えている。一朝一夕にはできないし、持って生まれた資質・育った環境もあるが、繰り返し問題点を指摘し改善を促したり、改善するための努力を続けていくしかないだろう。好感を持たれる、明るく前向きで魅力的な人間を目指すしかないのである。具体的には、顔の表情は笑顔が素敵でさわやかである・身のこなしはスマートでキビキビしている・姿勢は背筋がピンとしている・人と接する態度は横柄さがなく謙虚である・挨拶が明るくさわやかで自然である・言葉遣いが丁寧で親しみもある・言っていることとやっていることが一致している・誠実で勤勉家・周りに目配り気配りができる・清潔感があり、服装身だしなみがしっかりしている・いつも礼儀正しく感じが良い・夢があり向上心が旺盛・いつも冷静で物事に動じないし最後までやり抜く忍耐力がある等々、一つ一つ身に付けていくしかない。この講師はすごい人だ！　我々とは違うと感じるような人が指導にあたれば、訓練生も素直に学ぼうとするし、厳しい指導にもついていこうと思うものである。そのレベルまで到達する講師はそういないし、至難と思えることではある。しかし講師を生業とするのだからそれだけの覚悟を持ち、講師としてあるべき姿勢を身に付けなければいけないのである。

第25章　当社の夢

海外に時々旅行して、レストラン・ホテルを利用した際、接客応対で気付くことがある。日本のサービス業に従事しているスタッフと比べると、おもてなしの仕方にかなり差があるといつも感じるのである。お客への気遣いが海外においては、あまり見られない。特に東南アジアはしっかり教育されていないのか、サービスのレベルが極めて低いと感じる。

以前、中国に進出している企業から接客マナーの指導をして欲しいと依頼があった。指導料金がかなり安く、中国に長期にわたって滞在し教育しなければならない条件だったため、残念ながらお断りした。ということは、教育ニーズがあるということである。二〇二〇年東京にオリンピックを誘致する際〈おもてなし〉をアピールし話題となった。海外からは日本の接客サービスは世界のトップレベルと評価されている。マナーの向上のため日本から学ぼうとしているはずである。

実際、毎月実施している合宿訓練にも、これまでフランス人・中国人・韓国人・タイ人・フィリピン人などの外国人がわざわざ遠方から参加したことがある。これからは当社のような教育訓練も、国際的になっていくのではないかと考えている。したがって、講師を増員し、講師の実力を伸ばし、海外へ派遣し教育していくことが必要になってくるであろう。特に中国・

台湾・韓国・ベトナム・タイ・フィリピン・マレーシア・インドなどでは徹底した教育があまりされてないので、当社の教育ニーズが極めて高い。

問題は言葉の障害である。現在いる社員は、日本語だけで英語を話せない社員ばかりである。外国語を話せる社員を採用するか、語学を勉強して話せるようにするか、通訳をつけ教育するしかない。これまで、日本の企業だけを見て教育していたが、世界を視野に仕事ができるようになればと願っている。

小さな会社でも、海外でも研修ができれば、やる事は大きく、やりがいも大きくなる。社員の夢も膨らみ、より向上心を持って努力してもらえば、社員も成長し、会社も発展していくだろう。早い時期に実現したいと考えている。以前、フランス人が初めて厳しい特訓合宿に参加したときである。日本の挨拶を指導した際、お辞儀がなかなか上手くできず苦労していた。外国では頭を下げる習慣がないので、お辞儀をしても頭だけぺこっと下げ、腰から背筋、首筋、頭とキレイに曲げられないのである。何度も訓練を繰り返し、何とか自然に語先後礼で挨拶ができるようになり非常に美しかった。また、合宿訓練後半になると合格し感極まって涙を流したり、卒業試験では号泣する訓練生も出てくる。フランス人の訓練生はその光景を見て驚き研修会場から黙って消え、訓練から逃避してしまった。そのため、宿泊している部屋に行き事情を聞いてみると、大の男が泣くのは異常だし、自分にはとてもそれはできないと言ってきた。それに対し、この研修は泣かせるのが訓練の目的ではないし、無理して泣く必要はない。

ただ全力を尽くし、達成した時の喜びや自分の殻を打ち破り成長した自分に感動し自然に涙が出てくることがあると説明し、訓練に復帰してもらった。

その後、そのフランス人訓練生も難関の審査に合格したり、他の訓練生が感動して泣く姿を見ると一緒に涙を流すようになり、感動を自ら味わったのである。つまり、外国人であろうと同じ人間なのだから、訓練を真剣に受けることにより日本人と同じように成長し、感動を味わい涙を流したということである。

この時、外国人に対しても充分当社の訓練は教育効果があり、必要なことだと確信したのである。したがって、今後は日本国内だけではなく、海外の企業にも教育訓練を広げていきたいと思っており、その夢を是非実現したいと考えている。

第26章　健康について

私の父親は病院嫌いで、自分の体の異変に気づかず心不全で急死してしまった。家族の大黒柱を突然失い、残された母と私を含め子供達は、深い悲しみとどう生活していくのか途方に暮れ大変な不安の中、生活せざるを得なかった。父親の死を教訓として、健康の大切さを肝に銘じ、健康体を維持しようとこれまで自分の健康管理には努力してきた。

それでも、生身の体なので、体調が悪くなるときがある。私も病院は大嫌いではあるが、体調が悪ければ進んで診察に行くようにしている。教育の仕事は体が資本なので、四十代からは人間ドックを欠かさず受診し、自分の体にはとても注意している。それが功を奏し最近命が救われた。六十三歳になって悪性腫瘍が見つかったのである。幸い発見が早かったので、ステージ1Aの状態で手術ができ、初期の段階で切除することができた。しかし姉は、父親の病院嫌いの教訓が生かせず、父親と同様に、大の病院嫌いだったため診察に全く行かなかった。体調が悪くなっても休養したり薬酒を飲んだりして治していた。ところが、七十三歳になってまもなく胃が痛いと言い、病院に行くよう勧めたが行かなかった。本人はいつものことですぐ治るだろうと考えていたようだったが、そのうち食事も喉を通らなくなってきたので無理矢理病院に連れて行ったのである。

すると、すでに悪性腫瘍の末期で手の施しようがなく余命三カ月と診断された。したがって診察後、即入院しわずか二カ月で逝ってしまった。私と姉は対照的で、生と死を分ける結果となったのである。人間独りよがりは駄目である。調子が悪いときは、我慢せず専門家である医者に診てもらうことが大切であるとつくづく思い知らされた。人間の命はいつかは必ず終わりが来るものだが、死ぬまでには精一杯生き抜き何か足跡を残したいものである。健康管理は、病院任せだけではなく、普段から自分で健康を維持するために努力しなければいけない。

いつも心がけていることは、早寝早起きで睡眠をしっかりとること・食事は朝昼晩の時間を決め摂り、野菜等考慮し栄養のバランスが取れた食事をする。また、誰しも年齢を重ねれば肉体が老化する。それでも老化のスピードが遅くなるよう、毎日筋トレ、ストレッチ、ジョギングを行っている。トレーニングの平均所要時間は約一時間、仕事が無い休日は倍の時間を割いている。おかげで健康体を維持でき、六十半ばでも、四十代の体力はあると医師から太鼓判を押されている。当然ながら、我が社の社員にも健康の大切さを説き、体重が多い社員には、減らす目標数値を発表させ減量の努力、運動は毎日するよう指示し、定期的に全社員でマラソンの記録会を行っている。また、年数回は市民マラソン大会に皆で出場したり、健康には嫌というほど留意させている。まさに健全なる肉体に健全なる精神が宿ることを実行している。

それにしても、癌の手術で入院した日々や、姉の末期癌で看取る日々を過ごしたときは、死をまざまざと直視し、いやがおうにも命の尊さを考えざるを得なかった。死が訪れることが分かっていても、そのことは避けてしまいがちである。死が現実に目の前に迫ってくると不安や恐怖感・絶望・後悔・死後の世界は本当にあるのか・そして家族への思いなどを真剣且つ奥深く考えさせられる。私は初期の癌でまだ生への望みがあったので、恐怖感はさほどではなかったが、姉はどんなに絶望的な思いを味わったのだろう。医者に末期癌で余命幾ばくも無いことをはっきり宣告されたときはどんなにかショックだったのだろう。姉は癌の宣告をされたときは、表情一つ変えず「分かりました」と、覚悟をした様子だった。

そうは言ったものの、日を追う毎に悪化すると骨まで転移し癌の痛みに苦痛で顔がゆがむ・モルヒネの影響で幻覚症状が出始め、とっくに亡くなった人の名前を叫び「そこに立っているよ」だとか、病室なのに「部屋中霧が流れてるよ」等と言っていた。あんなにも冷静な姉が麻薬に侵され幻覚症状が出てきたのを見ると心が痛むのである。死に近づいてきたときは、全身がけいれんしたり、痛みで顔を歪め、それを見るといたたまれなくなった。癌の宣告を受けたとき死を覚悟したと言ったものの、まだまだ死にたくないという思いが嫌と言うほど伝わってくる。死に至るまでの苦しさは何とむごいのだろうと心が痛み、楽に死なせてあげたいという気持ちが湧き起こり、安楽死も必要なのかと考えさせられた。毎日病室で姉を看護することで、命の儚さ、尊さ、凄さをしみじみ教えられた。縁があってこの世に生を受けたので、ただ死ぬのではなく、命を大切にし、できうる限り長く生き続け、且つ漫然と生きるのではなく世のため人のために精一杯尽くし、自分の命は悔いが残らないよう使い果たし終えたいものだと悟った。

第27章　友人について

自己成長するには良い友人を作るべきだと思う。『論語』でおなじみの孔子も友人の重要性を説いている。良い友人からは多くのことを学べる・耳の痛いことも言ってくれる。そのためには、レベルが高く刺激を与えてくれる友人を作るべきであると、これまでの人生を振り返ると強く感じる。話がしやすく気楽につきあえる人ばかり友人にしてしまいがちである。楽しんだりリフレッシュするには良いかもしれないが、お互いに刺激し合い成長することができない。

近寄りがたい人や気の抜けない人にも積極的にこちらから歩み寄り、友人となるべき努力も必要である。「類は友を呼ぶ」という諺があるが、一流の人間と友人になると自分も自然に一流となることも可能である。ところで、私自身友人は多い方だと思う。人の好き嫌いがあまりなく誰とでも親しくなることができ、いろんなタイプの友人がいる。良いところは真似して自分に取り入れたり、悪いところは反面教師と考え気をつけるようにしてきた。ものの考え方も自分と似た人ばかりとつきあえば視野が狭くなりがちである。それがいろいろな考えを持っている人や性格の違った人とつきあえばこんな考えもあるのかと参考になるし、考え方の幅が広がり仕事にも大いに役立つものである。しかしながら、自分より秀でている人には、どうしても引いてしまう人が多い。人は優越感を持っていたいという気持ちがあるので、優れた人に対し劣等感を持ってしまうのが嫌なためであろう。そのため向上心を旺盛に持つことや素直にこんな人と親しくなりたいと強く思い、自分の心を開き勇気を持って近づくしかない。誰だって、親しく迫ってこられれば嬉しいものである。

好意を持ってアプローチしていけば人は受け入れようと思ってくれるであろう。そして友人関係になるチャンスも出てくる。良い友人を持つことが素晴らしき人生を切り開くためにも大切なことである。一般に年を重ねると自分の殻に閉じ込もり、友人も少なくなる人もいるようだが、心の若さを失わず多くの人と接し良き友を作ることを勧めたい。

さて親友とは何だろう。私が思うには何でも言い合えるし、自分を隠すことなく腹を割ってお互いさらけだしつきあえる関係の友人ではないかと考える。となるとそのような友人は案外少ないのではないだろうか。否、今はいないと答える人がほとんどかもしれない。学生時代や二十代の頃は確かに親友と呼べる人はいたであろう。しかし、六十代になった現在、親友と呼べる人は本当に少ないのではないかと思う。友達は沢山いるが、親友となると、はっきり言える人はいなくなったなあと思っている。一生涯親友がいると言える人は希有なのではないだろうか。長い年月を生きていくうちに、生活環境の違い・年齢とともに考え方の変化・伴侶との関係などで裸になったつきあいができなくなってくるものである。それだけ親友を持つことは難しいことかもしれない。しかし、せっかく生を受けたのだから、活き活きとした人生を過ごすためにも是非ともすばらしい親友を一生涯持ちたいものである。

第28章　仕事と家庭

仕事をする者にとって、仕事と家庭を両立することは極めて大事なことである。仕事に打ち込みすぎると家庭を犠牲にしてしまう。家庭を大切にしようと思うとマイホームパパと言われ、会社からは評価されないことがある。私は仕事を第一と考え家庭を犠牲にしてまでやってきた方である。出張も多く家に居ることが少なかった。たまに家に帰ると、子供が知らない人が来たと思うのか、顔を見ると泣き出してしまうこともあった。女房が家のことをやるのは当たり前と思い、掃除洗濯・食事・子育てをやっていても何のねぎらいの言葉、感謝の言葉も言わず平然としていた。美味しい食事を食べても旨いとも言わず、まずければ文句を言っていた。今考えるとあまりにも横暴でひどい亭主だったなあと恥ずかしさでいっぱいである。そのような亭主によくも我慢してくれていたと思う。手術して家で療養をしばらくしていた時に、女房の家での動きを見ると大変な労働をしているんだなあと初めて気づかされた。仕事で必死に稼ぎ食べさせてやっているんだという驕りがあり、感謝の気持ちを持てなかったが、家での行動を見ると凄い業務をしていたんだと思い知らされた。家のことをしっかりやってくれていたから、仕事に没頭することができたこと、女房や子供達がいたからこそ常に頑張って来れたことが心から理解できるようになった。それに気づかなかったら、家を出て行かれたかもしれないと恐ろしく感じる。今になってやっと感謝の言葉が言えるようになったし、ありがたいと思い優しく女房子供に接することができるようになった。男は幸せな家庭があってこそ思いきり仕事に打ち込めるんだと言い切れる。家庭を大切にしながら、仕事に取り組んでいかないと、良い仕事はできないし、女房子供からも信頼されない人間になってしまう。したがって、仕事人間（仕事ばか）になるのではなく、家族に思いやりと感謝の気持ちを持ちながら仕事に精を出すべきだと、ダメ亭主だった経験から断言できる。そして、心の中に思っているだけではなく、言葉を口に出して、「ありがとう」「おかげで安心して仕事に行けるよ」「いつもよくやってくれるね」「おまえには感謝してるよ」と素直に伝えるべきだと思う。これは主に女房を専業主婦としている家庭のことだが、最近は夫婦共稼ぎが多く、お互いに尊重し合い、私のように一家を背負ってるんだと思い上がっている夫は、そうはいないと思うのだが……。

あとがき

社員教育の世界に飛び込んで四十年以上も一筋にやり続けていることに感慨深いものがある。それは、これまでいろいろな方々に支えられてきたからだと大変感謝している。人生に三つの坂があると言われたことがある。上り坂・下り坂そして真坂（まさか）という坂だという。四十数年の間に三つとも経験した。特にまさかの坂は忘れられない出来事だった。

まだ独立して間もない時期で、研修が重なり応援講師に新入社員研修を担当してもらった。青森のYセンター主催の研修なので、当社の社員の運転で外部からの応援講師を乗せ、高速道路で青森に移動した。みぞれで滑りやすい状況だったため盛岡付近でハイドロプレーニング現象が起こり、スリップしガードレールに激突したのである。研修に向かうことのできない大事故となった。主催者側に事情を説明すると参加者を集めているので何としてもやってほしいと困惑していた。したがって、急遽管理者養成学校を退職していた元上司のT氏（故人）に連絡し、快く引き受けてもらい担当してもらった。絶体絶命のピンチだったが何とか乗り切ることができた。一人では何にもできない。他の人の力がとても大事で支えられているんだなあとしみじみと教えられた。

これまでの経験や感じたことをとりとめなく書き綴りつたない文章となってしまったが、何か一つでも企業経営に人材育成にヒントとなれば幸いである。このような本が出版されるのは、これまで研修を依頼してくれた企業様、研修の仕事を応援してくれた皆様、懸命に働いて頑張っている社員、どのようなときでも内助の功で支えてくれた女房・家族、出版するに当たって力を貸してくれた東京図書出版のお陰と心から感謝している。

三塚　信二（みつづか　しんじ）

ビジネス教育訓練所株式会社　代表取締役社長

1950年　８月12日、宮城県岩出山町（現大崎市）に生まれる
1968年　宮城県立古川高等学校卒業
1972年　東京経済大学経済学部卒業
同　年　社員教育研究所入社。入社時は主に営業活動を行い、実績を上げ１年で営業所長に抜擢される
1976年　26歳の時管理者養成学校設立にあたって研修開発に参加
1977年　27歳で管理者養成学校の初代講師を務める。以降は東北・北海道地区の営業拠点長と講師を兼任する
1986年　９月にビジネス教育訓練所を36歳で創業

教育によって人は変わるのか

2016年９月28日　初版発行

著　者　三塚信二
発行者　中田典昭
発行所　東京図書出版
発売元　株式会社 リフレ出版
〒113-0021　東京都文京区本駒込 3-10-4
電話（03）3823-9171　FAX 0120-41-8080
印　刷　株式会社 ブレイン

ISBN978-4-86223-987-7 C0095
Printed in Japan 2016

ご意見、ご感想をお寄せ下さい。

［宛先］〒113-0021　東京都文京区本駒込 3-10-4
東京図書出版